Davor Antunović

Hypnose für Alle!
Hypnosetechniken sicher anwendbar für jeden!

3. Auflage

Die Informationen in diesem Buch wurden mit größter Sorgfalt erarbeitet. Es wird keine juristische Verantwortung oder irgendwelche Haftung für eventuell verbliebene fehlerhafte Angaben und deren Folgen übernommen.

Warennamen werden, sofern sie vorkommen, ohne Gewährleistung der freien Verwendbarkeit benutzt und sind möglicherweise eingetragene Warenzeichen. Der Autor richtet sich im Wesentlichen nach den Schreibweisen der Hersteller. Das Werk einschließlich aller seiner Teile ist urheberrechtlich geschützt. Alle Rechte vorbehalten einschließlich der Vervielfältigung, Übersetzungen, Mikroverfilmung sowie Einspeicherung und Verarbeitung in elektronischen Systemen.

Alle Übungen, die beschrieben werden, unterliegen in der Anwendung der Verantwortung des jeweiligen Benutzers. Die Techniken ersetzen keine psychotherapeutische oder medizinische Behandlung und sind nicht als solche gedacht.

Bibliografische Information der Deutschen Nationalbibliothek:
Die Deutsche Nationalbibliothek verzeichnet diese Publikation in der Deutschen Nationalbibliografie; detaillierte bibliografische Daten sind im Internet über http://dnb.d-nb.de abrufbar.

1. Auflage: Mai 2011
3. erweiterte Auflage: Februar 2017

Autor: Davor Antunović
Korrektur der 3. Auflage: Katja Hahn
Herstellung und Druck: BoD – Books on Demand, Norderstedt
ISBN: 9783743143449
Printed in Germany

www.davorantunovic.de

Weitere Veröffentlichungen:

- Lehrbuch Hypnosetherapie
- Money Coaching (Mitte 2017)
- Heilung gebrochener Herzen (Ende 2017)

© 2017 Davor Antunović, alle Rechte vorbehalten! Die wirtschaftliche Verwendung in Seminaren oder in Publikationen bedarf der schriftlichen Genehmigung des Autors.

Vorwort zur 3. Auflage

Vor über fünf Jahren hatte ich die Idee, ein kleines Büchlein über Hypnose zu verfassen, mit dem wirklich jeder die ersten Schritte zu einer faszinierenden Reise ins Unterbewusstsein antreten kann.

Ich wollte sehen, wie viel Zuspruch und was für eine Art von Kritik mir zukommt, wenn ich dieses Buch veröffentliche. Die Beobachtung der Kritik eröffnete mir ein neues Sichtfeld auf die Art, wie Bücher über Hypnose und Hypnosetherapie geschrieben werden. Dieses lasse ich in der dritten, erweiterten Auflage mit einfließen.

Das Format wurde vergrößert und der Inhalt stark erweitert, sodass das Büchlein zu einem kleinen Buch geworden ist. Man könnte meinen das Buch ist erwachsen geworden.

An dieser Stelle möchte ich noch einmal erwähnen, dass es keinen Sinn macht, das Buch einfach nur durchzulesen, denn dann hat man den Sinn der Übungen nicht verstanden.

Ich habe die Texte um einige hypnotherapeutische Techniken erweitert und hoffe, meine ganz persönliche Art und Weise Hypnosen durchzuführen findet einen breiten Anklang.

Da in der Geschichte der Psychologie momentan viele Methoden und Bücher im deutschsprachigen Raum auf die Systemik eingehen, möchte ich einen anderen Ansatz mit einbringen: Den körperorientierten, bioenergetischen Ansatz nach Wilhelm Reich und Alexander Lowen.

Verwendete Symbole

Um Dir die Bedeutung des Textinhaltes auf den ersten Blick zu verdeutlichen, werden am Seitenrand kleine Symbole abgebildet.

 Achtung

 Zeitersparnis

 Tipp für Fortgeschrittene

Hinweis

Im Text wird das generische Maskulinum verwendet, das auch Frauen mit einschließt.

Inhaltsverzeichnis

Vorwort	III
1 Der Beginn einer Reise	**1**
2 Was ist eigentlich eine Hypnose?	**3**
3 Was passiert unter Hypnose und ist dies gefährlich?	**5**
3.1 Hypnotische Individuation	6
3.2 Anzeichen einer Trance	9
4 Es geht los!	**11**
4.1 Struktur einer Hypnose	11
4.2 Vorhypnotisierung	14
4.3 Suggestibilitätstests	15
4.4 Yes-Setting – Rapportaufbau – Vorhypnotisierung .	15
4.4.1 Kohnstamm-Phänomen	16
4.4.2 Semaphorenexperiment	17
4.4.3 Titanic	18
4.4.4 Hocker – Hochhaus	18
5 Einleitungen	**21**
5.1 Erste einfache Einleitung	21
5.2 Hypnotische Muskelentspannung	25
5.3 Erinnerung an eine vorherige Hypnose	28
5.4 Elegante Elman Methode, Modifikation nach Antunovic	29
6 Vertiefungen	**31**
6.1 Das dritte Auge	31
6.2 Der steife Arm	32
6.3 Treppenhaus	33

7	**Hypnosetechniken**		**35**
7.1	Der sichere Ort		37
7.2	Der innere Krieger		39
7.3	Das höhere Selbst		42
7.4	Die leise innere Stimme		47
7.5	Hypnose zur Steigerung des Lernens und Lebens		50
7.6	Der Schutzschild		54
7.7	Der innere Beobachter		57
7.8	Selbstbewusstsein		60
7.9	Tempel der Heilung		62
7.10	Körpermeditation		64
7.11	Der Abgrund		66
8	**Ausleitung**		**69**
9	**Die Weltsicht und Gedankenwelt eines Hypnotiseurs**		**71**
9.1	Der transpersonale Ansatz der Hypnotherapie		73
9.2	Hypnotische Phänomene		76
	9.2.1	Assoziation	76
	9.2.2	Dissoziation	77
	9.2.3	Prähypnotische Suggestion	77
	9.2.4	Posthypnotische Suggestion	78
	9.2.5	Regression	79
	9.2.6	Progression	79
	9.2.7	Überempfindlichkeit	79
	9.2.8	Unempfindlichkeit	80
	9.2.9	Hypermnesie	80
	9.2.10	Hypomnesie	80
	9.2.11	Zeitverkürzung	80
	9.2.12	Zeitverlängerung	81
	9.2.13	Flexibilität	82
	9.2.14	Katalepsie	83
	9.2.15	Positive Halluzination	83
	9.2.16	Negative Halluzination	83
	9.2.17	Wiedererleben	83

	9.2.18	Verdrängung	84
	9.2.19	Trance	84
	9.2.20	Wachsein	85
9.3		Die Regeln des Geistes	85
9.4		Wie kann ich das alles lernen?	86

10 Die Hypnosen dieses Buches als MP3 — **91**

11 Literaturverzeichnis — **93**
   11.1 Hypnosefachliteratur 93
   11.2 Psychologie Grundlagenliteratur 97
   11.3 Psychosomatische Grundlagenliteratur 97

12 Über den Autor — **99**
   12.1 Praxis: 100
   12.2 Weitere Veröffentlichungen: 100
   12.3 Hypnoseseminare 101
   12.4 In Deutschland 101
   12.5 Inspiration 101
   12.6 Individuation 102
   12.7 Vom Autor empfohlene Praxen 104

Glossar — **105**

Stichwortverzeichnis — **107**

1 Der Beginn einer Reise

Ich begrüße Dich zu diesem experimentellen und praktischen Büchlein zum Thema Hypnose.

Vor geraumer Zeit fragte mich ein Patient, ob es denn für die Durchführung einer Hypnose besonderer Fähigkeiten bedürfe oder ob dies jeder Mensch machen könne. Ich antwortete daraufhin mit »Ja«. Verdutzt schaute mich mein Patient an und fragte, wie er das »Ja« denn zu verstehen habe. Ich antwortete mit: »*Ja, man braucht besondere Fähigkeiten und ja, jeder Mensch kann einen anderen Menschen hypnotisieren!*«
Es ist aber nicht so, dass eine bestimmte Gabe notwendig ist oder sogar die Sterne bei der Geburt richtig stehen müssen oder Ähnliches. »Hypnotisieren« ist eine Fähigkeit, die man ebenso wie das Fußballspielen oder das Musizieren eines Instrumentes systematisch erlernen kann, sofern man Interesse aufweist.

Es bedarf tatsächlich nicht vieler Vorkenntnisse, um einen anderen Menschen in einen anderen Bewusstseinszustand[1] zu versetzen. Wir machen das sehr häufig intuitiv:

- Wenn wir eine Gute-Nacht-Geschichte erzählen
- Wenn wir jemand Anderem von unseren Erlebnissen aus dem Urlaub erzählen
- Beim Lagerfeuer, wenn wir uns Gruselgeschichten erzählen
- Beim Unterrichten eines bestimmten Wissensinhalts, den wir besonders gut präsentieren

---

[1] Eine Art des Erlebens, die durch die Wahrnehmung, Selbstbewusstsein, Wachheit, Handlungsfähigkeit und Absicht bestimmt ist.

- ... sogar wenn wir jemanden langweilen!
- usw.

Es gibt unzählige Beispiele, wie Menschen in einen anderen Bewusstseinszustand geführt werden. Sowohl bewusst wie auch unbewusst.

Ein jeder von uns hat es schon einmal geschafft, sein Gegenüber zu faszinieren oder zu langweilen. Im Grunde genommen sind dies alles veränderte Bewusstseinszustände. Hypnose ist hier kein Sonderfall, sondern folgt einfach einem gewissen Ablauf, einem Ritual, einem Muster und einer gewissen Stimmung, die förderlich für eine Hypnose ist.

2 Was ist eigentlich eine Hypnose?

Folgende Merkmale finden wir bei jeder Hypnose:

- Sie hat einen gewissen rituellen Charakter.
- Sie folgt einem Ablauf: Einleitung – Vertiefung – Technik – Ausleitung
- Weiterhin regt sie die Vorstellungskraft an und leitet den Hypnotisierten, gewisse Übungen mit Hilfe seiner inneren Bilder durchzuführen.
- Meistens fühlt sich der Hypnotisierte entspannt, wobei es durchaus zu allen möglichen Gefühlszuständen mit vegetativen Begleiterscheinungen[2] kommen kann.[3]

Mehr ist es nicht: Das Geheimnis der Hypnose ist gelüftet!

Übrigens: Hypnosetherapie ist seit dem Jahr 2006 in Deutschland als eigenständige Psychotherapie anerkannt!

---

[2] Darunter versteht man alle körperlichen Reaktionen wie Schwitzen, Weinen, Zittern, veränderte Atmung, Lachen etc.

[3] Die hier beschriebenen Techniken sind positiv ausgelegt, sodass dem Hypnotisierten ein gutes Gefühl vermittelt wird. Techniken, die negative Begleiterscheinungen haben können, sollten nur mit fachmännischer, therapeutischer Anleitung angewendet werden!

3 Was passiert unter Hypnose und ist dies gefährlich?

Es wird viel Halbwissen über Hypnose verbreitet, was sehr viel Angst bei Menschen schürt. So hat beispielsweise die bekannteste deutsche Zeitung schon unzählig viele Artikel über Hypnose herausgebracht, aber bisher war kaum ein einziger dabei, bei dem die Hypnose positiv dargestellt wurde. Dabei betreibt die Zeitung ja genau das, was Hypnose auch macht: Sie lenkt das Bewusstsein der Menschen auf ein gewisses Thema und einen bestimmten Gemütszustand. Nur leider lassen sich Schreckensmeldungen besser verkaufen als gute Nachrichten. Das liegt nicht unbedingt an einer Sensationslust nach negativen Schlagzeilen, wie häufig behauptet wird, sondern schlicht und einfach an unserem Überlebensinstinkt. Unser Bewusstsein und das unserer Vorväter wurde darauf geschult, negativen Informationen, welche eine Gefahr darstellen, eine höhere Priorität beizumessen als positiven Situationen.

Halbwissen über Hypnose verursacht die meiste Angst

Hypnose wird meistens von denjenigen Menschen als schlecht dargestellt, die davon profitieren, dass Menschen mit einem schlechten Gewissen in Angst oder Unfreiheit leben. Und Schuld ist ein starker Motivator.
Vielleicht magst Du ja selber ein wenig über diese Worte nachdenken bevor Du weiter liest. Hypnose ist meiner Ansicht nach jedenfalls ein Mittel für Gehirnbenutzer, nicht für reine Gehirnbesitzer. Es gehört in ein aufgeklärtes Zeitalter, Menschen alle verfügbaren Mittel zur Verfügung zu stellen, um sich positiv entwickeln zu dürfen.

Als Autor gefällt es mir, Menschen mit Hypnose ein besseres Leben zu ermöglichen, eben mit mehr Möglichkeiten im Inneren. Als Therapeut benenne ich diesen Vorgang »Hypnotische Individuation«.

3 Was passiert unter Hypnose und ist dies gefährlich?

3.1 Hypnotische Individuation

Einen wirklichen Sinn macht eine Hypnotherapie nur, wenn es um die Loslösung von falschen Mustern und Blaupausen geht. Falsche Abhängigkeiten erzeugen Einsamkeit, wenn wir zu hohe Eingeständnisse gegen unser wahres Selbst machen müssen. Dies passiert automatisch in unserem Erwachsenwerden, denn wir müssen stetig balancieren: Und zwar zwischen unseren eigenen Bedürfnissen und denen unserer unmittelbaren Umwelt. Zunächst einmal sind da unsere Eltern, später der Kindergarten, dann kommt die Schule. Wir werden sozialisiert mit der (durchaus positiv gemeinten) Absicht, uns zu sozialen Wesen zu erziehen. Dabei werden wir von Menschen erzogen, die mehr oder weniger gute Absichten für uns haben. Einige der Erfahrungen, die wir in dieser Zeit machen, sind gut, andere schlecht. Einige lösen Schutzreaktionen aus und prägen unsere Grundfähigkeiten zu vertrauen, zu lieben, zu kommunizieren. Sie hindern uns, unser Potenzial auszuschöpfen und können im schlimmsten Fall zu psychopathologischen Störungen, also psychischen Krankheiten, führen. Mit Hypnotischer Individuation ist hier der Versuch gemeint, die eigene Integrität wiederherzustellen und einfach wieder mehr Spaß am Leben zu haben. [4]

Hypnose ist wahrscheinlich die älteste Heilungsform der Menschheit!

Hypnose ist eine der ältesten Therapien schlechthin. Man vermutet den Gebrauch von hypnoseähnlichen Techniken schon in der Steinzeit. »Wissenschaftlich« wurde sie das erste Mal von Franz Anton Mesmer, einem deutschen Arzt, angewen-

---

[4] Die »Hypnotische Individuation« ist angelehnt an den Begriff der Individuation von C. G. Jung. Sie beschreibt einen Prozess des Ganzwerdens zu etwas Vollkommenem. Zu etwas, was zu seiner Unvollkommenheit stehen kann. Ein einzigartiges Individuum. Frei nach der Idee des Freiburger Philosophieprofessors Martin Heindeggers, welcher als wichtigste Fragestellung der Philosophie immer noch das Sein in den Vordergrund stellte.

3.1 Hypnotische Individuation

det[5]. 236 Jahre später, im Jahr 2006, hat der wissenschaftliche Beirat Psychotherapie in Deutschland dann Hypnose als anerkanntes psychotherapeutisches Verfahren zugelassen. Schon im Vorfeld gab es unzählige Untersuchungen und Gutachten, die die überaus gute Wirksamkeit von Hypnose bestätigten.

Namensgeber der Hypnose war übrigens ein Augenarzt namens Dr. Braid[6]. Braid prägte den Begriff der Hypnose in Anlehnung an den griechischen Gott Hypnos, den Gott des Schlafes. Es ist im Übrigen ein Vorurteil, dass der Hypnotisierte während der Sitzung schläft.

Unter Hypnose verändert sich die Aufmerksamkeit und wird auf ein bestimmtes Thema gelenkt. Körper und Geist sind dabei in einer tiefen Entspannung. Heutzutage gibt es die Möglichkeit, diesen Zustand mit Hilfe von modernen Verfahren zu messen.[7]

Für unsere Hypnoseexperimente ist die Alphawellenphase des Gehirns interessant. In dieser Phase liegt das EEG-Signal[8] im Frequenzbereich zwischen 8 und 13 Hz[9] bezeichnet. Alpha-Wellen werden mit leichter Entspannung bzw. entspannter Wachheit bei geschlossenen Augen hervorgerufen. Wenn eine tiefere Entspannung erfolgt, spricht man von »Thetazustand«. Hier treten Schläfrigkeit oder leichte Schlafphasen auf.

Die in diesem Buch aufgeführten Hypnosen sind durchweg positiv und wohltuend. Es wird ein sehr entspannter Zustand

---

[5] Franz Anton Mesmer benutzt ca. 1770 das erste Mal sein Verfahren, welches er »«, später »Mesmerismus« nennt.
[6] James Braid lebte von 1795 - 1860 in Schottland
[7] Mithilfe des Elektroenzephalogramms und der Computertomografie.
[8] Die Elektroenzephalografie, als Abkürzung EEG genannt, ist eine Methode der medizinischen Diagnostik und eine Untersuchungsmethode in der Neurologie. Sie misst die elektrische Aktivität des Gehirns durch Messung der Spannungsschwankungen an der Kopfoberfläche.
[9] Im normalen Wachzustand hat ein Erwachsener einen Frequenzbereich von >13 und 30 Hz.

3 Was passiert unter Hypnose und ist dies gefährlich?

Deines Bewusstseins angestrebt, der Dir hilft, einen besseren Zugang zu Deinem Unterbewussten zu bekommen. Die Hypnosetechniken in diesem Buch sind ungefähr so ungefährlich wie eine Gute-Nacht-Geschichte.

 Sollte sich der Hypnotisierte trotzdem einmal schlecht fühlen, dann empfehle ich folgende Sofortmaßnahmen:

- Einen Spaziergang machen
- Einen kurzen Schlaf von 20 Minuten halten (oder natürlich länger, aber 20 Minuten reichen)
- Etwas essen
- Mit jemandem reden
- Eine heiße Dusche
- Eine kalte Dusche
- Eine Wechseldusche
- Ein heißes Bad genießen
- In kaltes Wasser springen (Wer es mag...)
- Arbeiten
- Sex
- Einen guten Film anschauen
- Sonne und frische Luft
- Irgendetwas anderes machen, was einem gut tut

Die Hypnosen sind garantiert so gestaltet, dass sie förderlich für die Gesundheit sind. Solltest Du trotzdem Bedenken haben, dann schreibe mir eine E-Mail unter kontakt@hypno-energetics.de oder frage den Arzt oder Therapeuten Deines Vertrauens um Rat.

Gerade als Experimentator ist es wichtig, ein hohes Maß an Mitgefühl zu haben. Therapeuten nutzen hier gern den Begriff der Empathie. Mithilfe Deiner Empathie kannst Du ermessen, wie weit Du gehen kannst als »Forscher«.

> **Definition**
> Empathie ist das Maß an Mitgefühl, sprich die Fähigkeit, Gedanken, Emotionen, Absichten und Persönlichkeitsmerkmale eines anderen Menschen oder eines Tieres zu erkennen und zu verstehen.

3.2 Anzeichen einer Trance

Es gibt mehrere äußere Anzeichen einer Trance, welche bei allen Patienten beobachtet werden können. Diese Anzeichen können NICHT vom Patienten simuliert werden. Der Patient wird erst ein Anzeichen erkennen lassen und in vielen Fällen mehrere gleichzeitig.

- Körpertemperatur

  Viele Patienten bemerken eine Veränderung ihrer Körperwärme. Viele Patienten fühlen Kälte, andere Wärme. Diese Veränderung wird dem langsameren Puls und der extremen Entspannung des Patienten zugeschrieben.

  Die Körpertemperatur und der Puls verändern sich unter Hypnose

- Zuckende Augenlider (REM)

  Alle Patienten lassen visuell ein »Zucken der Augenlider« erkennen. Der Patient befindet sich aktuell im REM-Stadium (Rapid Eye Movements).

  Rapid Eye Movements: Die Augenlider bewegen sich unter Hypnose und zeigen gleichzeitig an, dass der Proband sich etwas vorstellt.

- Erröten der Augen

  Jeder Patient lässt Anzeichen einer Errötung der Augen erkennen, wenn er einmal das Stadium der Trance erreicht hat. Dieses Phänomen wird der Entspannung der

Augenmuskeln des Patienten zugeschrieben, dadurch kommt es zu einer stärkeren Zirkulation des Blutes.

- Erhöhte Lakrimation der Augen

  Viele Patienten, wenn sie erst einmal in Trance sind, zeigen ein erhöhtes Tränen der Augen. Dies wird hervorgerufen durch das Entspannen der Augen und der Muskeln rund um die Tränendrüsen.

Augenrollen

Viele Patienten, wenn sie in Trance sind, werden die Erfahrung machen, dass sich ihre Augen nach hinten, zum Kopf hinrollen werden. Es wird so aussehen, als ob der Patient nach oben durch seinen Kopf schauen wollte.

Entspannung des Körpers

Bei den meisten Hypnosen entspannen sich die Muskeln. Der Hypnotisierte fühlt eine Schwere im Körper.

4 Es geht los!

4.1 Struktur einer Hypnose

Wie bereits erwähnt, gibt es vier einzelne Abschnitte einer Hypnose, einen fünften, wenn wir in Hypnose arbeiten. Um es Dir einfach zu machen, beinhaltet dieses Buch einfache Texte, um diese vier bzw. fünf Schritte sicher und souverän zu bewerkstelligen.

Die fünf Schritte:

1. Vorhypnose
2. Einleitung[10]
3. Vertiefung[11]
4. Technik
5. Ausleitung

Der Einfachheit halber sind sämtliche Einleitungen schon mit Vertiefungen gekoppelt. Das Einzige, was Du tun musst, ist, diese Hypnoseeinleitungen mit einer Technik und einer Ausleitung zu koppeln. Für diese Experimente brauchst Du also keine komplizierten Mechanismen hinter einer Tranceeinleitung oder Ähnlichem zu verstehen, Du kannst Dich vollkommen auf das Erlebnis, die Erfahrung und Dein Gegenüber konzentrieren, wie er oder sie reagiert.

Die nachfolgenden Kapitel beinhalten für jeden Abschnitt genügend Information, welche Du nur ablesen musst. Trotzdem ist es wichtig, einige wenige Dinge zu beachten, wenn Du die Texte liest, damit Du das bestmöglichste Ergebnis daraus bekommst.

---

[10] Die Einleitung wird in der Fachsprache häufig als Induktion bezeichnet.
[11] Sehr häufig wird der englische Begriff »Deepener« verwendet.

4 Es geht los!

Im Nachfolgenden erhältst Du wertvolle Tipps, die Dir helfen werden, die Hypnosen so interessant wie möglich für Dein Gegenüber zu gestalten.

Eine gute Atmosphäre ist wichtig!

- Erlaube Dir, Deine Stimme sympathisch und sanft zu gestalten. Das ist sehr wichtig und sorgt dafür, dass Dein Gegenüber sich wohl fühlt und entspannen kann. Ich empfehle meinen Auszubildenden immer, in die Stimme eher die Absicht eines Weggefährten hineinzulegen als einen bestimmenden Ton, der Anweisungen gibt.

- Gute Hintergrundmusik sorgt dafür, dass Geräusche von außen weniger eindringlich sind und die Hypnose stören. Ich empfehle Dir klassische Musik oder indische Klänge, je nach Belieben. Während in hypnotherapeutisch-analytischen Sitzungen Musik eher störend wirkt, kann sie bei den Experimenten des vorliegenden Buches tragend und angenehm wirken.

- Es empfiehlt sich, den Raum abgedunkelt zu gestalten, mit ausreichend Licht, damit Du selbst noch die Texte lesen kannst. Eventuell ist es auch ganz gut eine Schlafmaske zu benutzen, wenn der Hypnotisierte es so mag.

- Sorge dafür, dass Du und Dein Übungspartner ungestört seid. Stelle das Telefon ab und gestalte Deine Zeit so, dass ihr die nächste Dreiviertelstunde nicht gestört werdet.

- Ätherische Öle sind angenehm, um einen guten Geruch zu erzeugen. Alternativ gehen auch Räucherstäbchen, diese sind aber mehr Geschmackssache und können bei einigen Menschen Kopfschmerzen hervorrufen.

- Die Übungen eignen sich auch hervorragend vor dem »Zu-Bett-gehen«. Dann kannst Du einfach die Ausleitung weglassen und denjenigen langsam in den Schlaf überleiten. Wie das geht, steht im Kapitel »Ausleitung« beschrieben.

- Manchmal sind in den Texten »Interaktionen« eingebaut, welche in Anführungszeichen dargestellt sind: »genau so«. Warte dann einfach, wie Dein Proband reagiert und fahre dann fort. Sollte Dein Proband nicht wie erwartet reagieren, frage ihn oder sie was gerade unstimmig ist und fahre mit dem Text fort, wenn die Unstimmigkeit beseitigt ist.

- Jemanden zu hypnotisieren, um sein Können zu beweisen, bringt recht wenig. Eine Hypnose sollte immer ein Miteinander sein. Selbst erfahrene Hypnotiseure sollten »Herausforderungen« vermeiden, denn es ist sehr schwer möglich, jemanden gegen seinen Willen zu hypnotisieren.

4.2 Vorhypnotisierung

Die wohl faszinierendste Entdeckung während des Studiums der Hypnose ist die Tatsache, dass hypnotische Phänomene nicht erst während einer Hypnose aufkommen, sondern dass diese schon vorher von der Umwelt erzeugt wurden. Betrachten wir uns mal folgende Definition der Hypnose genauer:

> **Definition**
> „Hypnose ist ein veränderter Bewusstseinszustand!"

Wenn man nun von dieser These ausgeht, dann ist ein Mensch immer in Hypnose, da sich unser Bewusstseinszustand im Laufe eines einzelnen Tages, selbst in einer einzelnen Stunde, mehrfach ändert. Erikson und Rossi erfanden den Begriff der Problemtrance im Jahre 1972; Probleme werden automatisch erzeugt und engen die persönliche Wahrnehmung des Individuums ein. Egal welche Tätigkeit wir ausführen, wir müssen ständig unseren Bewusstseinszustand ändern. Bei der Arbeit, beim Joggen, beim Schreiben, beim Sex, vollkommen egal wo wir sind, wir nehmen die Umwelt jeweils anders wahr und konzentrieren uns auf eine ganz bestimmte Sache.

Betrachten wir uns eine weitere Definition der Hypnose:

> **Definition**
> „Hypnose ist ein Zustand des Lernens!"

Genauso wie es im Alltagsbewusstsein möglich ist zu lernen, so ist es auch unter Hypnose möglich. Unabhängig davon, ob diese Definition jetzt die einzig richtige ist oder nicht, so kann man hier von der These ausgehen, dass man unter Hypnose wieder Dinge lernen und verlernen kann, welche im Alltagsbewusstsein erworben wurden. Dies wird erst einmal bewusst, wenn man sich aus der verhaltenspsychologischen Sicht einmal eine Spinnenphobie anschaut, welche eine sogenannte klassische Konditionierung darstellt, also eine gelernte Angst vor einem Objekt. Das Bewusstsein ist noch wesentlich komplexer: Jede Kultur hat kulturspezifische Eigenarten und eine Psychologie, die für sie spezifisch ist. Tatsächlich wirken dann auch unterschiedliche Arten von Psychologie.

Wir werden darauf noch weiter eingehen, wenn wir uns das Kapitel der Weltsicht eines Hypnosetherapeuten anschauen.

4.3 Suggestibilitätstests

Die Suggestibilitätstests oder die sogenannten »Tests der Imaginationsfähigkeit« sind zum einen eine wertvolle Hilfe in Bezug auf das Erzeugen eines sogenannten Yes-Settings, zum anderen zeigen sie dem Probanden seine körperliche Reaktion in Bezug auf Suggestionen.

4.4 Yes-Setting – Rapportaufbau – Vorhypnotisierung

Ein Yes-Setting hat fast jeder Mensch schon einmal erlebt. Diese Technik wird im Verkauf oft angewendet.

Folgendes Beispiel soll die Vorgehensweise einmal verdeutlichen: Ein potenzieller Käufer eines Wagens schaut sich ein neues Auto an und hegt Kaufabsichten, der Verkäufer ist dabei und berät ihn.

Verkäufer: »*Ist dieses Design nicht schön?*« Käufer: »*Ja.*« Verkäufer: »*Gefällt Ihnen nicht diese Lederausstattung in samtbeige?«* Käufer: *»Ja.«* Verkäufer: *»Hören Sie sich den kraftvollen Klang dieses Wagens an, ist das nicht klasse?«* Käufer: *»Ja.«* Verkäufer: *»Also, wollen Sie diesen Wagen kaufen?«* ...

Der Verkäufer erzeugt in diesem Fall ein Ja-Setting, ein sogenanntes Yes-Setting.

Menschen fällt es schwer »Nein« zu sagen, wenn sie kurz davor mehrmals hintereinander »Ja« gesagt haben.

Im Falle der Vortests ist der Proband von den Tests und seinen körperlichen und mentalen Reaktionen so überrascht und neugierig, dass seine Neugierde sich später positiv auf eine Hypnose und natürlich auch auf die Hypnose auswirkt. Im Nachfolgenden werden die Suggestibilitätstests beschrieben.

Die Suggestibilitätstests sind schon deshalb empfehlenswert, weil sie Spaß machen und sowohl dem Hypnotisierenden wie auch dem Hypnotisierten ein Erfolgserlebnis gestatten.

4.4.1 Kohnstamm-Phänomen

Ein faszinierendes Experiment zur Dr. Kohnstamm, von dem dieses Experiment stammt, bat Leute, ihren starken Arm an einen Türrahmen zu pressen, während sie senkrecht und fest auf dem Boden standen, ohne sich mit der Schulter an die Tür zu lehnen. Nach etwa einer Minute bat Dr. Kohnstamm die Versuchspersonen einen Schritt vorzutreten und ihren Arm zu entspannen. Das Ergebnis war, dass der Arm wie von Geisterhand nach oben zu schweben begann.

Probiere die Übung einfach aus! Alternativ kannst Du, ein wenig eigene Muskelkraft vorausgesetzt, dieses Experiment etwas modifizieren. Bitte Deinen Probanden, die Arme ein wenig nach vorne ausgestreckt, in Gürtelhöhe, zu lassen (Handflächen bitte nach innen gerichtet!) und presse seine Arme nach innen, während der Proband versucht, seine Arme nach außen zu pressen. Motiviere Deinen Probanden immer fester fester zu drücken, während Du dagegenhältst. Nach etwa einer Minute kannst Du loslassen und bittest Deinen Probanden, die Hände zu entspannen, und siehe da: Die Arme gleiten ohne jede Muskelanstrengung alleine in die Luft hinauf. (Wichtig ist hierbei, dass der Proband die Hände nicht ausschüttelt!)

4.4.2 Semaphorenexperiment

Bitte Deinen Probanden, die Hände auszustrecken und die Augen zu schließen. Nimm die rechte Hand und führe hier die Handfläche nach oben, während die beiden Arme auf gleicher Höhe bleiben. Jetzt erklärst Du dem Probanden, er solle sich vorstellen, dass auf seinem rechten Arm ein schweres Telefonbuch läge, welches immer schwerer und schwerer würde. Jetzt berührst Du die linke Hand ganz leicht und bittest den Proband, er solle sich vorstellen, dass an seiner linken Hand eine Schnur befestigt sei, an der ein riesiger Heliumluftballon hinge. Fahre fort mit Deiner Suggestion:
»*Während die rechte Hand immer schwerer und schwerer wird, wird die linke Hand mit dem riesigen Luftballon immer leichter und leichter. Während die rechte Hand immer schwerer und schwerer, unendlich schwer, immer schwerer und schwerer wird, wird Deine linke Hand immer leichter und leichter, einfach leicht, unendlich leicht.*«

Du wirst bemerken, wie die rechte Hand nach unten sinkt, während die linke Hand nach oben gleitet. Frage den Patienten nach der Farbe des Telefonbuchs und des Luftballons. Beende diese Übung mit:
»*Sehr gut! Du kannst jetzt wieder Deine Augen öffnen und das Ergebnis Deiner Vorstellungskraft betrachten.*«

4.4.3 Titanic

In meinen Kursen wird diese Technik »Titanic« genannt. Bitte den Probanden, sich vor Dich hinzustellen und seine Beine und Füße fest aneinander und gerade zusammenzustellen. Bitte Deinen Probanden jetzt die Augen zu schließen und beschreibe, wie er auf einem Schiff steht, welches einen leichten Wellengang hat:
»Vielleicht erinnerst Du Dich an einen Zeitpunkt in Deinem Leben, in dem Du auf einem Schiff warst. Es ist auch gut möglich, dass Deine Zellen, Dein Unterbewusstes oder was auch immer, sich daran erinnern, wie Dein Gleichgewichtssinn darauf reagiert hat. Stelle Dir jetzt einfach einmal vor, Du stehst auf dem gleichen Schiff oder auf einem anderen, ganz wie Du möchtest ... Stelle Dir einfach bitte vor, Du stehst auf einem Schiff auf hoher See, welches Wellengang hat, und alternativ spürst Du jetzt, wie dieser Wellengang Dich selbst hin- und herschaukelt.« (wahlweise: vor und zurück, nach links und nach rechts ... hier gilt es richtig zu pacen, wenn der Proband nach links schaukelt, dann auch »links« sagen und umgekehrt ...)

4.4.4 Hocker – Hochhaus

Der Proband soll die Augen schließen und sich vorstellen, er stehe auf einem Hocker von einem halben Meter Höhe. Er soll sich einen weiteren Hocker, auch von einem halben Meter Höhe, vorstellen, auf dem Du stehst. Lasse den Probanden die Farbe der Hocker und das Material, welches er sich vorstellt, beschreiben. Jetzt soll er sich vorstellen, dass die beiden Hocker mit einem Brett miteinander verbunden sind. Bitte ihn mit einem Fingerschnippen, er soll von seinem Hocker zu Deinem herüberlaufen. (Du wirst merken, wie Dein Proband versucht zu balancieren, obwohl dieses Setting nur in seiner Vorstellungskraft abläuft.) Lobe Deinen Probanden jetzt und bitte ihn, zurück auf seinen Hocker zu kehren.

Jetzt soll sich der Proband das gleiche Szenario auf einem Hochhaus vorstellen. Er steht auf der einen Seite des Hochhauses und Du auf einem anderen Hochhaus. (Schmücke die Situation etwas aus.) Bitte Deinen Probanden jetzt über das Brett herüber zu Dir zu laufen. Du wirst bemerken, dass der Patient eine größere Anstrengung beim Balancieren hat. Lobe ihn auch hier.

5 Einleitungen

5.1 Erste einfache Einleitung

Erlaube Dir jetzt einfach einmal, Deine Augen zu schließen und einen guten und tiefen Atemzug zu machen. Dabei ist es spannend und wichtig, einfach für kurze Zeit entspannt zuzuhören und zu beobachten, was passiert. Neugierde kann eine wertvolle Hilfe sein, wenn wir unser Unterbewusstes entdecken.

Bitte glaube mir, dass es nicht so wichtig ist, dass Du jedes Wort bewusst mitbekommst, denn Dein Unterbewusstsein sucht sich genau das heraus, was es braucht, um in einen perfekten Zustand zu gehen, den Du brauchst, um eine wirklich tiefe hypnotische Entspannung zu erreichen.

In Ordnung, wir werden jetzt gemeinsam eine Hypnose machen und ich weiß schon jetzt, wie verwundert Du sein wirst, wie einfach es ist, in einen hypnotischen Zustand zu gehen ...

Was jetzt passieren wird, ist vollkommen natürlich und normal und ich bitte Dich darum, Deine normale und angeborene Fähigkeit zu benutzen, um sicher in einen wundervollen und tiefen Zustand der Entspannung zu gehen. Wenn Du nun einfach meinen Anweisungen folgst, wirst Du in eine Hypnose gleiten. Natürlich kannst Du dem widerstehen, aber deswegen sind wir jetzt nicht hier. Richtig?

Reaktion abwarten. Wenn nach einer Minute keine Reaktion kommt, einfach weiter machen.

So erlaube es Dir jetzt, es Dir so bequem wie nur möglich zu machen ... lasse Deine Augen einfach geschlossen ... für den Moment ... und erlaube Dir selbst noch einmal tief durchzuatmen ... bevor Du Dir bewusst werden kannst ... wie entspannend es sein kann ... seine Augen einfach geschlossen zu lassen.

Tipp! Versuche Dich der Atmung Deines Probanden anzupassen!

Und es ist wirklich nicht wichtig, schnell in Hypnose zu gehen. Dein Unterbewusstsein weiß es einfach ... braucht seine eigene Zeit ... während Dein Bewusstsein mir einfach entspannt zuhören kann ... oder sich ausruht ... an einem schönen Ort ... der sich gut anfühlt ... aus Deiner Erinnerung oder Vorstellungskraft ... ein Ort der Geborgenheit und Sicherheit ... entspannend und gut ... Dein eigener Ort ... eine Oase der Ruhe in Deinen Gedanken.

Erlaube Dir einfach ... auf Deine eigene Art und Weise ... dort anzukommen ... einen Moment der Ruhe ... in dem ich Dich entspannen lasse ... zum Ankommen ... Frieden finden ... Kraft sammeln ... für all die spannenden und entspannenden Dinge, die danach noch kommen werden ...

60 Sekunden Pause

Erlaube Dir jetzt einfach, noch ein wenig tiefer zu entspannen ... bemerke einfach auf Deine eigene Art und Weise ... wie gut es sich anfühlt ... wenn gewisse Muskeln entspannen dürfen ... während andere einfach noch einen Augenblick brauchen ... brauchen dürfen ... denn auch das gehört zu einer guten Entspannung dazu ... eine Entspannung nicht allzu wichtig zu nehmen ... zu wollen ... einfach sein dürfen ... im jetzigen Augenblick ...

... während Deine Hände einfach im süßen Nichtstun ruhen dürfen ... während sie sich vielleicht dennoch bewegen ... in der Erinnerung ...

Während die Beine einfach geschützt sind ... von den Socken ... und Schuhen ... einfach daliegen ... und vielleicht sogar ihre ganz eigenen Bewegungen haben ... wenn sie sich an eine Bewegung erinnern ...

Während die Ohren ... einfach ... viel genauer hinhören ... wenn die Augen geschlossen sind ... und ihre eigene Interpretation der Wirklichkeit haben ... auf Gedanken zurückgreifen ... aus der Vergangenheit ... oder aus Deiner Phantasie ... während sie nebenher noch alle Geräusche wahrnehmen können ... welche

5.1 Erste einfache Einleitung

gerade um uns herum passieren ... vielleicht die Hintergrundmusik ... oder die Geräusche von außen ... welche sich ab und an zu uns verirren ... und uns in der Gewissheit bestärken können ... dass das Leben da draußen immer noch weitergeht ... auch wenn das jetzt nicht wirklich wichtig ist ... und auf dieselbe Weise, wie Du zwei physikalische Augen besitzt, mit denen Du die Welt so wahrnehmen kannst, wie Du sie eben wahrnimmst ... auf Deine ... einzigartige Art und Weise ... kann einem die Vorstellung leicht fallen, dass wir so etwas besitzen wie ein inneres Auge ... und dieses innere Auge kann die Gedanken und Vorstellungen Deines Ichs sogar dann wahrnehmen, wenn Du so entspannt bist, wie Du es jetzt gerade bist ... tief ... entspannt ... und ruhig ... und ... mir gefällt die Vorstellung ... dass dieses innere Auge, genauso wie unsere richtigen Augen ... so etwas besitzt ... wie ein Augenlid ... und dass das innere Auge ebenfalls die Fähigkeit besitzt ... dieses Augenlid zu schließen ...

Und wenn ich jetzt von 1 bis 5 zähle, wirst Du Dein inneres Auge langsam schließen ... und es wird immer schwerer, je weiter ich hinunter zähle ...

1. *Du kannst ... jetzt ... damit beginnen, Dein inneres Auge wahrzunehmen ... genau da oben zwischen den Augen, wo ich Dich jetzt berühre*
   Berühre Deinen Probanden leicht zwischen den Augenbrauen

2. *In dem Moment, wenn das innere Auge schließt, wirst Du bemerken, dass sich Dein innerer Horizont ... wie auch immer dieser aussieht ... klärt und dass dies Raum schafft ... für wirklich gutbringende Veränderungen ...*

3. *Dein inneres Auge schließt nun ... je weiter und weiter Du Dich entspannst ...*

4. *entspannt nun ...*

5. *Du schließt es jetzt und Du bist in perfekter Harmonie ... mit Deinem innersten Selbst und sämtliche Gedanken*

und Bilder verschwimmen und die neue Leere schafft eine perfekte Basis für unsere weitere Arbeit ...

5.2 Hypnotische Muskelentspannung

Es empfiehlt sich, Deinem Probanden Zeit zu geben, also die Einleitung langsam vorzulesen … so als begleitest Du ihn mit Deinen Worten sanft in einen Schlaf.

Stelle Dir einfach mal bitte den großen Zeh Deines rechten Fußes bildlich vor und erlaube Dir, einfach einmal Dir Deiner erstaunlichen Fähigkeiten bewusst zu werden, die Du von Geburt an hast, um Dich Schritt für Schritt einfach vollkommen zu entspannen.

… Atme frei … lasse die Entspannung einfach gleiten … in den ganzen Fuß … einfach weiter … hinauf bis zum Schienbein … erlaube Dir, Deinem Fuß … einfach auch Deinem Bein, bis zum Schienbein, schwer zu werden … schwer … einfach nur schwer und entspannt … fühle vollkommen entspannt die Schwere Deines Fußes auf der Liegefläche.

Erlaube Dir selbst, einfach diese Entspannung … dieser wunderbaren Welle der Entspannung, die vor wenigen Sekunden im großen Zeh Deines rechten Fußes begonnen hat, zu spüren … wie sie hinauf … immer weiter und weiter hinauf … bis zum Gesäß … weitergleitet … spanne, wenn Du magst, das Gesäß ganz kurz an … nur etwa eine Sekunde … genau so … und entspanne es und nimm wahr, wie Dein Gesäß entspannter und entspannter wird … lasse die Welle der Entspannung weiterlaufen … immer weiter und weiter … immer mehr und mehr … in das andere Bein und fühle, wie Dein ganzer Unterkörper bis zum Gesäß vollkommen entspannt und schwer … schwer und entspannt ist, so ist es gut, sehr gut sogar!

… Lasse diese Entspannung nun einfach weiter zu, erlaube der Entspannung weiterzuwandern … hoch zum Bauchnabel … den Bauch entspannen zu lassen … immer weiter und weiter entspannen … bis zum Solarplexus, der im Autogenen Training auch Sonnengeflecht genannt wird … das ist aber nicht so wichtig … fühle die Schwere Deines Sonnengeflechts und Deines Bauches …

die Schwere und wie entspannt Dein Bauch sein kann und wie Du mit jedem Atemzug Deinen Bauch immer weiter und weiter entspannen kannst ... immer mehr und mehr ... und immer tiefer und tiefer ... einfach nur entspannen ... weil es sich leicht anfühlt ... sogar die Nebengeräusche kannst Du dazu benutzen, Dich noch tiefer zu entspannen ...

Erlaube der Entspannung nun einfach ein wenig weiter hinaufzuwandern ... hinauf bis zum Brustkorb ... Entspanne langsam Deinen Brustkorb ... atme tief ... halte die Luft ein wenig an ... und atme sanft und frei wieder aus ... einfach nur ausatmen ... und entspannen ... tief und fest entspannen ... spüre einfach die Entspannung Deines Brustkorbs beim Ausatmen ... einfach nur entspannen. Lasse die Entspannung jetzt, mit dem nächsten Atemzug, den Du machst ...}

... in Deine Arme fließen, spüre ... wie die Arme sich entspannen ... genieße die Schwere der Arme ... fühle die Wärme Deiner Arme ... entspanne Deine Arme einfach weiter und weiter ... Deine Arme werden schwerer ... und schwerer ... schwerer und immer schwerer ... erlaube Deinen Händen jetzt einfach ebenfalls ... unendlich schwer zu werden ... einfach nur unendlich schwer ... schwer ... und entspannt ... schwer ... und entspannt ... ein gutes, entspannendes ... schönes Gefühl der Entspannung ...

Jetzt, nachdem Deine Hände und Dein Körper vollkommen entspannt sind, kannst Du Dich auf eine vollkommen behutsame und schöne Art und Weise auf eine tiefe ... und willkommene Hypnose freuen ... genau so ... wie Du es gerade brauchst ... auf Deine eigene Art ... erlebe einfach ... diese schöne ... und angenehme Form der Entspannung ...

... Entspanne Deine Nackenmuskulatur ... Dein Anrecht ... Du hast die Fähigkeit dazu ... entspanne die Nackenmuskulatur einfach tief und fest ... einfach tief und fest entspannen ... jeden einzelnen Muskel Deiner Nackenmuskulatur ... einfach entspannen ... lasse die Entspannung sich nun einfach weiter ausbreiten ... in Deinem Hinterkopf ... der einfach nur schwer wird ...

und bis zu Deinem Gesicht ... entspanne jetzt auch jeden einzelnen Muskel in Deinem Gesicht ... vollkommen ... entspannt und ... ganz in Ruhe ... einfach diesen tiefen ... hypnotischen Schlaf ... genießen ... so ist es gut ...

5.3 Erinnerung an eine vorherige Hypnose

Diese Einleitung kannst Du benutzen, wenn Dein Proband schon eine Hypnose mitgemacht hat.

Vielleicht kannst Du Dich an Deine letzte Hypnose noch sehr gut erinnern, auf jeden Fall ist es einfacher diese Erinnerung hochkommen zu lassen, wenn Du die Augen schließt. Vielleicht magst Du das ja jetzt machen und Dich einfach für einen kurzen Moment entspannen?

Augenschluss abwarten

Sehr gut, danke.

Erlaube Dir jetzt einfach einmal ... wenn auch nur bruchstückweise ... Dir Deine letzte Entspannung unter Hypnose vorzustellen ... vielleicht kannst Du Dich ja noch daran erinnern, wie es sich anfühlte, wenn die Arme langsam immer schwerer und schwerer wurden?

... oder wie Deine Hände langsam im Nichtstun ruhend ... ihre eigenen Absichten verfolgten ... was auch immer das heißt ...

... und ich bin mir nicht sicher, ob Du schon herausgefunden hast, auf welche Art und Weise sich Deine Atmung dabei verändert ...

... wenn Du zu Dir kommst ... und ich Dir die eine oder andere Minute gebe ... um Dich zu entspannen ...

1 Minute Pause

... und während Du einfach da liegst ... Dich entspannst ... diese Hypnose auch maximal nutzen kannst ... eben weil es Sinn macht ... diese Zeit zu nutzen ... ist es gut zu wissen ... dass man bei jedem Mal ... wenn man eine Hypnose macht ... einfach weitere Fähigkeiten erwirbt, um noch besser hypnotisiert werden zu können ... und dabei ... ist es wirklich nicht wichtig ... schnell in Hypnose gehen zu müssen ... denn schließlich ist es ja

kein Wettbewerb ... Hast ... ist so eine Sache ... und Hypnose ... eine andere ... dabei ist Hypnose ... doch nur die Möglichkeit ... der Hast ... wie auch immer sie aussieht ... die Möglichkeit zu geben ... langsamer zu werden ... während Du Dich einfach immer weiter und weiter entspannst ... und dabei Dein inneres Universum und Deine Großartigkeit entdeckst ...

... und ich werde nun beginnen hinunterzuzählen ... und wenn ich das mache ... dann wirst Du merken, wie Du immer tiefer und tiefer entspannst, wie auch beim letzten Mal bei der Hypnose ...

1. *Du kannst nun wieder damit beginnen, die Schwere des inneren Auges wahrzunehmen ... angenem und entspannt ... ruhig und in vollkommener Harmonie ...*

2. *In dem Moment, wenn das innere Auge sich schließt, wirst Du auch jetzt bemerken, dass sich Dein innerer Horizont klärt und dass dies Raum schafft für wirklich gute Veränderungen ...*

3. *Dein inneres Auge reinigt sich, je weiter und weiter Du es schließt ...*

4. *Und ... Du schließt es immer weiter und weiter ...*

5. *Du schließt es jetzt und Du bist in perfekter Harmonie mit Deinem innersten Selbst und sämtliche Gedanken und Bilder verschwimmen und Du schaffst nun ... eine perfekte Basis für unsere weitere Arbeit ...*

5.4 Elegante Elman Methode, Modifikation nach Antunovic

Diese Methode ist schnell, elegant und benutzt eine Technik, welche Mentalisten als »Coldreading« bezeichnen. Es hat den Anschein, dass der Hypnotiseur schon voraussehen kann, was passiert, was zu einer Verstärkung des Augenschlusses führt.

5 Einleitungen

Erlaube Dir einfach einmal für den Moment auf meinen Stift (oder Finger) zu schauen ... und wenn Du jetzt bereit bist hypnotisiert zu werden, wird auch keine Macht der Welt verhindern können, dass Du in einen guten ... tiefen ... entspannenden ... Zustand einer Hypnose gleitest. Schau einfach auf meinen Finger (Stift) ... und wie er leicht und einfach in Richtung Deiner Stirn wandert ... und schon bald wirst Du das Gefühl haben ... zwinkern zu müssen ... Ungefähr jetzt ... genau so ... und Du wirst merken ... wie schwer Deine Augen werden ... immer schwerer und schwerer ... mit jedem Augenzwinkern ... schwerer als zuvor ... und somit ist es ... jetzt so einfach, Deine Augen zu schließen ... denn die meisten Menschen entspannen mit geschlossenen Augen ... genau so, so ist es richtig. Es ist schön, sich mit geschlossenen Augen zu entspannen.

6 Vertiefungen

Hier sind weitere Vertiefungen beschrieben, welche man an die Grundtechniken zusätzlich anhängen kann.

Im Grunde genommen ist alles eine Vertiefung, was die Aufmerksamkeit von außen nach innen lenkt. So könnte man auch eine Anleitung eines Kühlschranks vorlesen, was aber natürlich ein wenig langweilig wäre und was zur Zerstreuung der fokussierten Energie führt.

6.1 Das dritte Auge

Das dritte Auge wurde als »Inneres Auge« schon in der Einfachen Hypnoseeinleitung im vorherigen Teil des Buches erwähnt. Hier noch einmal die Möglichkeit, es gesondert zu nutzen.

Auf dieselbe Weise, wie Du zwei physikalische Augen besitzt, mit denen Du die Welt so wahrnehmen kannst, wie Du sie wahrnimmst ... auf Deine Weise ... kann einem die Vorstellung leicht fallen, dass wir so etwas besitzen wie ein inneres Auge ... und dieses innere Auge kann die Gedanken und Vorstellungen Deines Ichs sogar dann wahrnehmen, wenn Du so entspannt bist, wie Du es jetzt gerade bist ... tief ... entspannt ... und ruhig ... und ... mir gefällt die Vorstellung ... dass dieses innere Auge, genauso wie unsere richtigen Augen ... so etwas besitzt ... wie ein Augenlid ... und dass das innere Auge ebenfalls die Fähigkeit besitzt ... dieses Augenlid zu schließen ...

Und wenn ich jetzt von 5 bis 1 zähle, wirst Du Dein inneres Auge langsam schließen ... und es wird immer schwerer, je weiter ich hinunter zähle ...

5 Du kannst jetzt damit beginnen, die Schwere des inneren Auges wahrzunehmen ... 4 In dem Moment, wenn das innere Auge sich schließt, wirst Du bemerken, dass sich Dein innerer Horizont klärt und dass dies Raum macht für wirklich gutbringende Veränderungen ... 3 Dein inneres Auge reinigt sich, je weiter und weiter Du es schließt ... 2 Du schließt es immer weiter und weiter ... 1 Du schließt es jetzt und bist in perfekter Harmonie mit Deinem innersten Selbst und sämtliche Gedanken und Bilder verschwimmen und Du schaffst eine perfekte Basis für unsere weitere Arbeit ...

6.2 Der steife Arm

Der steife Arm ist ein klassischer Hypnosetest, der eine besondere Herausforderung an die meisten Hypnotiseure stellt, weil sie eben befürchten, er könnte scheitern.

Richtig angewendet ist er ein machtvoller Beweis, dass der Proband sich in einem »hypnoiden Zustand« befindet und hilft für die weitere Entspannung enorm.

Eine gute Vorbereitung ist wichtig: Versuche Dich auf dieses Experiment besonders gut vorzubereiten. Lies die Technik aufmerksam durch, bevor Du sie ausprobierst.

Ansprechen des Probanden:

»*Hebe Deinen Arm an und versteife ihn. Mache eine Faust. (Hilf dem Probanden, diese Position zu erreichen und lasse ihn dann wieder los.) So ist es gut. Genauso wie eine Eisenstange, steif und kraftvoll. Je mehr Du versuchst, Deinen Arm zu lockern und zu beugen, desto steifer und fester wird er. Versuche Deinen Arm zu lockern und zu beugen und Du wirst feststellen, wie fest und steif Dein Arm ist. Je mehr Du versuchst, den Arm zu lockern, desto steifer wird er. So ist es gut. Wenn ich nun Deine Stirn berühre, lässt Du Deinen Arm fallen und Du fällst in einen noch tieferen und angenehmeren Schlaf.*« (Stirn antippen.)

6.3 Treppenhaus

Ansprechen des Probanden: »*Gleich werde ich Dich völlig entspannen, sobald ich anfange von 10 rückwärts zu zählen bis ich bei 1 angelangt bin. Wenn ich 10 sage, wirst Du Deine Augen schließen. Wenn ich 10 sage, dann siehst Du Dich in Deinen Gedanken am Anfang einer kleinen Treppe, die nach unten führt. In dem Moment, in dem ich 9 und die folgenden Zahlen sage, wirst Du die Treppe Stufe für Stufe hinuntergehen und Dich dabei völlig entspannen. Stelle Dir am Ende der Treppe ein Bett mit einem weichen und warmen Kissen vor. Sobald ich bei 1 angelangt bin, wirst Du Dich einfach in das Bett und Deinen Kopf auf das Kissen legen. 10 Schließe bitte die Augen am Anfang der Treppe. 9 Entspanne und lasse Dich gehen. 8 Lasse Dich in eine ruhigere und entspanntere Position gleiten ... 7 ... 6 ... Gehe die Stufen hinunter ... 5 ... während Du die Stufen hinabsteigst, entspannst Du Dich vollkommen. 4 ... 3 ... Atme tief ein ... 2 ... Bei der nächsten Zahl, der Zahl 1, sinkst Du auf das Bett und wirst ruhiger, ausgeglichener und entspannter ... 1 ... Sinke weiter in das weiche Bett, entspanne jeden Muskel und wenn Du so auf dem Bett liegst, gleitest Du in einen ruhigeren und harmonischeren Zustand der Entspannung.*«

7 Hypnosetechniken

Die Hypnosetechniken sind dafür gedacht, sie im Anschluss an die Einleitung zu lesen. Alle Techniken sind zur Selbsterfahrung gedacht und steigern durchaus das Selbstbewusstsein und den Selbstwert. Sie ersetzen natürlich keine Psychotherapie, können diese aber unterstützen. Jede Technik ist auf jeden Fall eine Tranceerfahrung wert. Du kannst Deinen Probanden entweder fragen, welche Erfahrung er machen möchte oder Dir selber eine aussuchen, die Du machen magst.

Anbei eine kleine Erklärung der Techniken:

- **Der sichere Ort:** Das Basisskript, um sich in seinem Unterbewusstsein sicher und geborgen zu fühlen. Zur Not kannst Du mit Deinem Probanden zu jeder Zeit zurück zum sicheren Ort durch die einfache Suggestion: *»Okay, geh bitte jetzt wieder zurück zum sicheren Ort, dort wirst Du Dich wieder vollkommen sicher fühlen!«*

- **Der innere Krieger:** Manchmal im Leben ist es wichtig, sich einer Herausforderung zu stellen. Der innere Kämpfer ist unsere innere Ressource, die uns Mut und Kraft gibt.

- **Das höhere Selbst:** In jedem von uns ruht das Bedürfnis, dass etwas mehr in uns steckt als das, was wir manchmal zeigen können. Das höhere Selbst verbindet uns mit unseren besten Qualitäten und Eigenschaften.

- **Die leise innere Stimme:** Wenn die Welt am lautesten ist, verlernen wir häufig auf das zu hören, was sich richtig in uns anfühlt. Die leise innere Stimme erinnert uns wieder daran.

- **Hypnose zur Steigerung der Fähigkeiten des Lernens und Lebens:** Wer wünscht sich nicht, entspannter zu lernen? Dieser Text gibt uns ein neues Bewusstsein dafür, was wirklich wichtig ist.

- **Der Schutzschild:** Manchmal ist es schwer, sich abzugrenzen von der Umwelt und von den Zweifeln, welche von außen gesät werden. Das Schutzschildskript kann eine starke Hilfe darstellen.

- **Der innere Beobachter:** Ein experimentelles Skript zum Entdecken einer sogenannten »Superposition« des Beobachters.

- **Selbstbewusstsein:** Ein gutes Selbstbewusstsein ist Gold wert. Dieser Text wird Deinem Probanden helfen, seines wie gewünscht zu entwickeln und zu stärken.

- **Tempel der Heilung:** Die Fähigkeit, seine Selbstheilungskräfte zu stimulieren, ist seit Anbeginn der Menschheit in unserem Universalbewusstsein verankert.

- **Körpermeditation:** Eine mächtige Technik zur Wiedererlangung der Verbindung zwischen Gedanken und Körper.

- **Der Abgrund:** Nur wer seinen Abgrund kennenlernt, der kann sein Selbst in seiner Gänze erforschen. Diese Technik ist ein kraftvolles Experiment dazu.

7.1 Der sichere Ort

Dies ist der Basistext, den auch ich in der Praxis gerne in abgewandelter Form benutze. Dieser Text schafft eine Form der Sicherheit und Zufriedenheit im ersten Kontakt mit seiner inneren Welt.

Es empfiehlt sich, diesen Text bei der ersten Hypnose auf jeden Fall zu benutzen! Ansprechen des Probanden:
Nun ... da Du langsam immer weiter ... und weiter abdriftest ... erlaube Dir einfach einmal ... für Dich ... Deine Gedanken einfach fließen zu lassen ... ganz von alleine ... denn das können sie sehr gut ...

... schon seit Deiner Geburt ... kommen einige ... und gehen wieder ... andere bleiben die ganze Zeit ... wieder andere kommen nur für kurze Zeit ... verweilen dann ... im Bewusstsein ... und werden wieder vergessen ... manche in Sekundenbruchteilen ... einfach ... weil sie es können ... und wir ... versuchen sie einfach zu ordnen ... beschäftigen uns damit ... für eine Zeit lang ... wer weiß schon wie lange ...

... Vielleicht fragen sich sogar einige Gedanken gerade jetzt ... wie tief man in Hypnose absinken kann ... und ob das schon genug ist ... diese Erfahrung ... um wirklich hypnotisiert zu werden ... Einige Gedanken beschäftigen sich vielleicht sogar ... mit einer gewissen Unsicherheit ... das dürfen sie natürlich ... aber das ist gar nicht so bedeutend ... Dabei ist es gerade jetzt ... wichtig zu wissen ... dass das Unterbewusstsein seinen eigenen Weg hat ... Information aufzunehmen ... und dass Du es gar nicht brauchst ... dieses genaue Zuhören ... denn Dein Unterbewusstsein sucht sich genau die Informationen, die es braucht ... zum richtigen Zeitpunkt ...jetzt ...

... schon immer ...

7 Hypnosetechniken

... und kann diese Erfahrung nun sogar optimieren ... und so lade ich Dein Bewusstsein ein ... mich einfach einmal auf eine spannende Entdeckungsreise einzuladen ... in die Tiefen Deines Unterbewussten ... wenn sich der innere Horizont langsam klärt ... und Du einkehren kannst ... zu einem Platz, den wir ab jetzt Deinen sicheren Ort der Kraft nennen ... einen Platz, wo Du Dich sicher und geborgen fühlen kannst ... behütet und entspannt ... ein schöner Platz, der vielleicht sogar nur in Deiner Phantasie existiert ... oder in Wirklichkeit ... das bleibt vollkommen Dir selber überlassen ...

... Du hast selber die Möglichkeit zu entscheiden ... ein Ort, der Dir fortan als Energiequelle und Zuflucht dienen kann ... den Du Dir auch jedes Mal vorstellen kannst ... wenn Du beschließt ihn zu besuchen ... auch ohne meine Hilfe ... ein Ort ... ausschließlich zu Deinem Besten ... mit der großartigen Möglichkeit, Deine innere Sicherheit zu finden ...
Ich werde jetzt einige Zeit lang still sein ... und Du hast die Möglichkeit, Deinen Ort ein wenig besser kennenzulernen ...

30 Sekunden bis eine Minute Pause

Von hier an kannst Du ein wenig warten und dann nachfragen, ob es in Ordnung ist, wenn Du jetzt entweder weitermachst oder die Trance beendest. Alternativ kannst Du Dir auch den sicheren Ort beschreiben lassen, vielleicht wollt ihr ihn ja gemeinsam erforschen?

7.2 Der innere Krieger

Der innere Krieger ist der Archetypus des Beschützers und der männlichen Energie. Einmal erweckt, gibt er dem Probanden die Möglichkeit, sich abgrenzen zu können und für die Ziele zu kämpfen, die lebenswert sind.

Ansprechen des Probanden:

... während Du Dich einfach weiter... und weiter... entspannst... Dein Körper... Dein Geist... in diesen entspannenden... guten... Zustand der Entspannung gleitet ... kannst Du Dich einfach einmal zu Deinem persönlichen Ort der Kraft begeben ... Deinem eigenen Ort... der vollkommenen Sicherheit... der vollkommenen Ruhe

Du bist hierher gekommen, um heute einen neuen Anteil von Dir kennenzulernen. Einen Anteil, der schon seit jeher in Dir ist, den Du vielleicht einfach nur ein wenig vernachlässigt hast.

Ich spreche von Deinem inneren Krieger:

Erlaube Dir einfach ... Dich immer weiter und weiter zu entspannen ... suche Dir eine Stelle ... an Deinem Ort der Kraft ... eine Stelle, an der Du heute Deinem eigenen inneren Krieger begegnen wirst ... eine Stelle ... die dafür gemacht ist ... die von Dir dafür auserwählt wurde.

Betrachte diese Stelle für einen Augenblick ... gestalte sie Dir einfach genauso, wie Du es haben möchtest ...

In wenigen Momenten wird der innere Krieger erscheinen ... stell Dir einfach vor, wie eine blaue Lichtsäule vor Dir erscheint und sich ein blaues, leuchtendes Tor vor Deinen Augen bildet.

Aus diesem Tor tritt eine Gestalt heraus ... genau das ist Dein innerer Krieger ... »*Wie sicht diese Gestalt aus?*«

Lasse Dir den inneren Krieger beschreiben.

»Was empfindest Du, wenn Du diesen Krieger siehst?«

Lasse die Gefühle beschreiben.

»Wie bewegt er sich?«

Warte die Antwort ab.

»Jetzt werde selber zum inneren Krieger und betrachte Dich einmal selbst. Was denkst Du als innerer Krieger von Dir selbst?«

Warte die Antwort ab.

»Was würdest Du Deinem Selbst gerne sagen?«

Antwort abwarten.

»Was würdest Du Deinem Selbst gerne noch mitteilen?«

Antwort abwarten.

»Werde nun wieder zu Dir selbst. Hat sich der innere Krieger irgendwie verändert?«

Antwort abwarten.

»Was würdest Du Deinen inneren Krieger gerne fragen?«

Antwort abwarten.

»Was antwortet der Krieger?«

Antwort abwarten.

»Willst Du den inneren Krieger noch etwas fragen?«

Möglichkeit, weitere Fragen stellen zu lassen.

»Welche positiven Eigenschaften hat der Krieger?«

Antwort abwarten.

»Welche dieser Fähigkeiten wirst Du in nächster Zeit brauchen, um positive Veränderungen herbeizuführen?«

Antwort abwarten.

Es ist an der Zeit, Dich von Deinem inneren Krieger zu verabschieden. Aber bevor er wieder dorthin geht ... wo er seine Arbeit für Dich ... von jetzt an einfach ein wenig bewusster ... verrichtet ... gibt er Dir noch einen Gegenstand ... eine Waffe ... eine Waffe, die von nun an ein Symbol für Deinen Fortschritt sein soll ... »Welche Waffe gibt er Dir?«

Antwort abwarten.

»Betrachte für einen Moment diese Waffe ganz genau. Wie sieht sie aus?«

Antwort abwarten.

»Zu welchen Eigenschaften verhilft Dir diese Waffe?«

Antwort abwarten.

»Jetzt werde zu der Waffe ... Welche Botschaft hast Du für Deinen Besitzer?«

Antwort abwarten.

»Werde nun wieder zu Dir selbst und schau Dir noch einmal die Waffe an. Hat sie sich irgendwie verändert?«

Antwort abwarten.

Okay, stecke die Waffe nun ein und verabschiede Dich vorerst von Deinem inneren Krieger und danke ihm, dass er für Dich von nun an ... auch ein wenig bewusster ... bei Dir sein wird ...

7.3 Das höhere Selbst

Das höhere Selbst ist ein übergeordnetes Programm, welches uns hilft, nach dem Besten in uns zu suchen, welches überraschenderweise schon in uns ist und nicht im Außen gesucht werden muss. Dieser Text wird dem Probanden tiefe Erkenntnisse über sein Dasein bieten.

Ansprechen des Probanden:

Und während Du diesen tief entspannten Zustand genießt ... erlaubst Du einfach dem Klang meiner Stimme ... Dich in diesen Zustand zu führen, der Dich ... zwar vollkommen aufnahmefähig sein lässt ... um Dir der Präsenz Deines wirklichen, innersten Ichs bewusst zu werden ... um Dir und Deinem Körper in diesem ... entspannten Bewusstsein zur Vollkommenheit zu helfen ...

... ab jetzt ... achtest Du ... vollkommen einfach ... auf den Klang meiner Stimme ... und jede Anspannung löst sich von Dir ... während Du vielleicht noch das eine oder andere Nebengeräusch bemerkst ... und wenn Du Dir einfach mal anschaust, was Du gerade tust ... wirst Du bemerken, dass Du das eigentlich nur für Dich selbst tust, zu Deinem eigenen Wohlergehen

... und Dein höheres Selbst ist immer präsent ... egal ob Du Dir darüber bewusst bist ... oder nicht ... um Dir durch Anleitung und Unterstützung all das zu geben, was Du brauchst, um Dir zu helfen, Dich von Deinen täglichen Sorgen und Problemen befreien zu können ... diese unnötigen Beschränkungen ... die dazu bereit sind, einfach aufgelöst zu werden ... um zu erreichen, dass Du durch die richtige Weise das behalten kannst ... was Wert hat

... loslassen ... auflösen ... was immer es braucht ... um die Probleme jetzt loszuwerden ... fühle Deinen Körper atmen, wenn

7.3 Das höhere Selbst

Du noch tiefer in die Entspannung gehen willst ... lasse das Unbewusste Deine Sorgen und Probleme für die Heilung neu bewerten ... werde Dir jetzt ... einfach über das Licht der Liebe, Deines höheren Selbst bewusst ... auf diesem oder ... einem anderen Weg ...

Beginne mit einem Gefühl ... beginne Dir bewusst zu werden ... und stelle Dir vor ... wie Dein Körper von einem goldenen ... weißen Licht aus reinster Lebensenergie umgeben ist ... und genau diese Lebensenergie ... wird auf verschiedene Weisen immer sichtbarer ... und spürbarer für Dich ...
Du kannst Dich von Atemzug zu Atemzug besser fühlen, wenn Du Dir dieses Licht um Dich vorstellst ...

... Du kannst überrascht sein ... aber sicher bemerkst Du, dass dieses Licht voll mit Intelligenz und Heilkraft ist ... genau das bedeutet ... dass Du in der jetzigen Gegenwart vollkommen präsent bist ... so, dass Du Dich zu jeder Zeit daran erinnern kannst ... was Du schon immer besitzt ... von jetzt an kannst Du Dich damit beschäftigen und durch diese Erfahrungen ... die Du jetzt sammeln kannst ... wird sich Deine Erfahrung über die Anwesenheit Deines höheren Ichs weiterentwickeln

... Du wirst lernen, auf Deine innere Führung mit mehr und mehr Vertrauen zu hören ... und mit jedem entspannten Atemzug ... öffnet sich immer mehr die heilende Energie ... tiefer ... und ... tiefer ... immer mehr ... und immer mehr ... Du lernst immer mehr Deine wahre innere Güte kennen ... das Beste Deiner Seele ... wunderschön ... und perfekt ... seit Anbeginn Deines Seins ... und noch viel früher ...

... denke bitte daran, dass Du darauf achtest, mit Deiner inneren Güte in Verbindung zu treten ... und vielleicht kannst Du Dir nun all Deine alten, schadhaften Gedanken vorstellen ... vielleicht als ein Symbol

kurze Pause

... und dann kannst Du diese alten und unnützen Denkmuster auch einfach auflösen ... im Licht ... welches Dich umgibt ...

... ermögliche es Dir einfach jetzt ... jeden Zweifeln ... und jeder Zögerung sich einfach im Licht aufzulösen ... und Du bemerkst ... dass diese alten Gefühle gar nicht mehr zu Dir gehören ...

... atme durch dieses Licht durch, nimm den frischen Sauerstoff in Dir auf, der Dich durch Deinen unbewussten Verstand in jeder Deiner Körperzellen berührt ... entspanne Dich mit dem Gefühl dieser Güte, die behutsam jeden Teil Deines Wesens berührt ... Heilung und neue Energie bringend, wo sie gebraucht wird ...

... Nimm jetzt einfach an diesem Prozess teil, indem Du einen tiefen Atemzug nimmst ... und wenn Du Dir das Licht, die Heilung und die liebende Energie vorstellst, wie sie sich über Deinen ganzen Körper ausdehnen ... von Atemzug zu Atemzug ... immer tiefer ... einfach ... mühelos ... mit jedem Atemzug ...

... egal was für Gefühle oder Gedanken auch aufkommen ... sie werden sich auflösen, egal ob gut oder böse ... sie gleiten ins heilende Licht ... erlaube und biete all Deinen Gedanken und Gefühlen an, in das Licht zu gehen, um geheilt zu werden und zu ihrem Wohlergehen umgewandelt zu werden ...

Stelle Dir vor, wie Du einfach aufrecht und ungezwungen bei Deinem höheren Selbst stehst, umgeben von liebender Energie ... Du bemerkst, dass dies die bedingungslose Liebe Deiner eigenen Reinheit ist ... die wahre Integrität Deines Seins, die so rein ist, so frei ist, die nicht verdorben oder durch irgendetwas vermindert ist ... sie ist nicht verdorben durch irgendetwas, was gedacht wurde, gesagt wurde ... oder getan wurde ... auch nicht durch etwas, das jemand anderes über Dich gesagt hat ... oder getan hat ... oder gedacht hat ... denke jetzt darüber nach ...

... Dein unbewusster Verstand in der energiegeladenen Aura Deines höheren Ichs wird Deine Lebenserfahrung ... Deinen Glauben und Deine Einstellung auf eine gewisse Art und Weise komplett

7.3 Das höhere Selbst

neu bewerten ... Du wirst von dem befreit werden, von dem Du befreit werden musst, sodass Du in Einklang mit der Reinheit Deines ursprünglichen Seins kommen kannst ... auf eine Weise, die ungehindert durch Dich durchfließt ... atme dies jetzt tief ein ... wieder und wieder ... tiefer und tiefer ... Dein unbewusster Verstand behält alles ... das für Dich von wahrem Wert ist, von Deiner Lebenserfahrung und Deinem Erlernten ... das es leicht macht ... um jetzt in die Vollständigkeit zu gehen, öffnest Du Deine Einstellung mit der Gegenwart und Energie Deines höheren Selbst ... Deines wirklichen Wesens ...

Stelle Dir einen Fluss mit goldenem ... weißen Licht vor, der bis in Deinen Kopf fließt, von der Quelle unbegrenzter Liebe und heilender Intelligenz ... Stelle Dir vor, wie er runter zu Deinem Herzen fließt ... und er füllt Dein Herz mit Liebe und heilender Energie ... er beginnt nun durch Deinen ganzen Körper zu strahlen ... sucht sich einen Weg durch Dein Sein ... durchdringt nun jede Zelle Deines Körpers mit unbegrenzter Energie aus Liebe ... und Du bemerkst Deine wahren Bedürfnisse ... selbst wenn sie Dir noch nicht bewusst sind ... Du sie noch nicht bemerkt hast ... auf Deinem Weg ... zur Vollkommenheit ...

Entspanne einfach ... in dieses Licht hinein ... und erlaube es Dir ... im Fluss ... alle Deine Bedürfnisse aus Dir herauszuholen ... um sie in der liebenden Intelligenz dieses Lichtes zu baden ... als Angebote ... und Bedürfnisse der Heilung ... und der Aufklärung ... als starkes ... und gewinnbringendes Wissen jeder Art ... für Dein Wohlergehen ... Deinen Willen ... und für das Wohlergehen aller Wesen ...
Sei einfach offen ... mache Dir eine innere Geste ... mit Deinem ganzen Herzen ... und Deinem ganzen Sein ... sodass dies so sein soll ... entspanne und bade im Licht ... Fühle, wie es Deinen Körper durchdringt und umgibt, in einer beschützenden und magnetischen Aura, die diese Kraft in Dir hervorruft.

Du erfährst diese wundervollen und entspannenden Gefühle ... denkst an die Gedanken, die in das Licht Deines höheren Daseins fließen ... Du kannst Deinem höheren Selbst nun Fragen stellen ... betreibe einen inneren Dialog ... auf die Weise, wie Du es wünschst ... Ich werde nun fünf Minuten schweigen oder solange, bis Du mir irgendein Fingerzeichen gibst als Signal, dass ich weitermachen kann.

Auf Fingerzeichen warten und dem Probanden danach fünf Minuten Zeit geben oder eben bis er einen Finger bewegt.

Ich werde gleich von eins bis fünf zählen und Du wirst bei fünf ins normale und wache Bewusstsein vordringen ... und all das, was Du heute in der Sitzung gelernt und erfahren hast, wird Dir Deinen Nutzen bringen und Dich weiter daran wachsen lassen ... Du wirst Dich weiterentwickeln und tiefere Bindungen zwischen Dir und Deinem wirklichen Selbst ... und Deinem normalen und wachen Bewusstsein entwickeln ... Du wirst immer wacher und wacher ... für Deine eigene innere Güte wirst Du es immer besser ausdrücken können ... freudvoll und auf die Weise, dass es für Dich und das Wohlergehen aller Wesen das Beste ist ... jetzt und von Moment zu Moment in alle Ewigkeit ...

7.4 Die leise innere Stimme

Dieser Text sorgt für verstärkte positive Synchronizität[12].

Je mehr ein Mensch im Einklang mit seiner inneren Stimme lebt, desto mehr wird er Entscheidungen treffen, welche sich positiv für ihn und seine Umgebung auswirken. Der Humanismus[13] geht sogar davon aus, dass der Mensch stets Entscheidungen zum Wohle des gesamten Systems treffen wird.

Ansprechen des Probanden:

Jetzt ... in einigen Augenblicken ... möchte ich Dir helfen, Deine Möglichkeiten für immer zu vergrößern ... Dir aus Deinem Innersten heraus zeigen ... was gut und wertvoll in Dir ist ... schon immer war ... lange bevor Du darüber nachgedacht hast ... ein inneres System ... ausschließlich zu Deinem Besten ... seit jeher da ... schon immer vorhanden ... vorhanden und vielleicht einfach nur ein wenig stillliegend ... in Deinen Genen verankert ... um Dich und all das, was noch kommen wird ... sicher durch diese wundervolle Welt zu geleiten ...

... und so werde Dir jetzt einfach einmal bewusst ... über eine leise ... tief liegende ... innere Stimme in Dir ... vielleicht schlafend ... flüsternd ... diese natürliche Gabe ... in Dir ... die weiß, was gut für Dich ist ... Dein weiser und treuester Berater ... unabhängig ... und unbestechlich ... der seit Anbeginn Deiner Zeit ... stets da ist ... nur manchmal nicht gehört wird ... durch diesen Lärm ... der manchmal von außen kommt ... von Menschen, die denken, sie müssten für Dich denken ... Dir ihren Glauben oder

---

[12] »Synchronizität« ist die Bezeichnung von einer Abfolge von Ereignissen, welchen kein direkter Zusammenhang zugeschrieben werden kann, welche sich aber dennoch zusammengehörig anfühlen.

[13] Der Humanismus ist eine Weltanschauung, die sich auf die abendländische Philosophie der Antike bezieht und sich an den Interessen, den Werten und der Würde des Einzelnen orientiert.

ihre Vorstellung von Sein aufzwingen ... diesen weisen ... inneren Berater ... tief in Dir ... schon immer vorhanden ... nur eben manchmal betäubt ... weil wir Menschen häufig denken, andere Menschen wüssten besser, was gut für uns ist ... wie wir sein sollen ... oder was wir tun sollen ...

Nimm nun einfach Kontakt zu Deiner inneren Stimme auf ... höre einfach ihren natürlichen Klang ... ihren Ursprung ... nicht die Stimmen von anderen Menschen ... die Dir weismachen wollen, sie dächten richtiger ...

So geht es mir momentan nicht darum, Dir etwas zu diktieren ... Dich in eine Richtung zu lenken ... oder Dir einen Glauben oder eine Lebensphilosophie zu offenbaren ... es geht mir darum, Deine Fähigkeiten zu erhöhen ... auf eine gesunde und positive Art und Weise ... zu Deinem Besten ... denn Du bist sowieso schon voll von dem ... was andere denken ...

Erlaube Dir jetzt einfach hinzuhören ... auch wenn das eine oder andere Nebengeräusch Dich noch irritiert ... kannst Du dennoch hinhören ... und jene ... leise innere Stimme auch willkommen heißen ... von nun an öfters auf sie hören ... denn Du weißt das ... was sie Dir zu sagen hat ... sowieso schon ... seit jeher ... sie ist eben Dein treuer ... und loyaler Berater ... Begleiter ... Gefährte ... der Deine Entscheidungen immer mitträgt ... auch wenn Du mal nicht auf sie hörst ... stellt sie sich sofort um ... auf die neue Situation ... gibt Dir immer die Möglichkeit ... frei zu denken ... Dich selber zu entscheiden ... denn Deine innere Stimme ist unbestechlich ... sie hat eine direkte Verbindung mit Deinem innersten Sein ...

Selbst wenn es manchmal scheint, sie hätte sie verloren ... diese Verbindung ... dann ist der Lärm von außen einfach lauter geworden ... und Du hast die Möglichkeit, sie neu zu entdecken ... für Dich und zu Deinem Besten ... für das Wohl aller Lebewesen ... denn Deine innere Stimme ist nicht nur unglaublich loyal ... sie denkt auch in Zusammenhängen ... und wurde Dir lange,

lange Zeit vor Deinem Dasein gegeben ... vor der Geburt Deiner Eltern ... oder Großeltern ... jeder Mensch besitzt sie ... jeder Mensch hat die Möglichkeit, sie zu entdecken ... sie neu zu finden ... so wie Du es jetzt tust ... und immer ... wenn Du auf sie hörst ... wirst Du merken, wie Du mit Dir im Einklang stehst ... mit Deinem innersten Sein ... mit Dir ... wirst Dich wach und präsent fühlen ... wenn Du sie an Deinen Entscheidungen mitbeteiligst ... wirst Du merken, wie sich Dinge für Dich und Dein Umfeld zum Besseren wenden ... gut verlaufen ... perfekt ... im Spiel des Lebens ... in dem Du fortan diese Spiele spielen kannst ... die lohnenswerte Ziele beinhalten ...

7.5 Hypnose zur Steigerung des Lernens und Lebens

Sehr vielen Menschen fällt es schwer, effizient und mit Selbstbewusstsein zu lernen. Die Lernerfahrung und das Erleben von Stress zu entkoppeln, kann unglaubliche Erfolge mit sich ziehen. Dies ist die Aufgabe dieses Skriptes.
Ansprechen des Probanden:

Erlaube Dir ... einfach dem Klang meiner Stimme zu folgen ... genau wie bisher ... und wir werden mit einer Reihe von Sequenzen starten ... die sehr positiv für Dich sein können ... sehr gewinnbringend ... wenn es um das Erwerben von neuem Wissen geht ... zu Deinem Besten ... und dem, was tief in Dir ruht ...

Während Du einfach meiner Stimme zuhörst und Dich entspannst ... Dich gehen lässt und die nächste Zeit ... wirklich ... nur entspannen darfst ... ohne etwas aktiv machen zu müssen ... auch wenn außen das Leben weitergeht ... wie immer ... seit eh und je ... schon lange vor unserer Zeit ... kannst Du ... weil Du die Fähigkeit dazu besitzt ... einfach für einen Moment all das ... was Du jetzt mitbekommst ... einfach aufnehmen ... von alleine ... Du brauchst keine Anstrengung dafür ... Dein Unterbewusstsein sucht sich seine Information automatisch ...

Du möchtest etwas verändern ... Du willst etwas verändern ... aber das ist nur ein kleiner Teil des Programms ... denn ab heute wird ein »Ich kann« Dein ständiger Begleiter sein ... im Wachen ... in Hypnose ... und in Deinen Träumen ...

Und Du wirst unendlichen Stolz dabei empfinden ... wie produktiv Du sein kannst ... es geht um eine Einstellung ... und innere Haltung ... eher die Dinge auszuprobieren ... als darüber nachzudenken ... Deine Wirklichkeit zu erweitern ... sie vollkommen auszukosten ... mit Würde ... und mit Stolz ...

7.5 Hypnose zur Steigerung des Lernens und Lebens

Du fängst nun an, Deine Vergangenheit zu akzeptieren und Deine Vergangenheit ist ein wichtiges Stück ... Deiner Entwicklung gewesen. Eine sehr wichtige Erfahrung ... die Du gemacht hast ... Wenn Du nun entspannst und Dich gehen lässt ... für den Moment, vermeide es ... auf irgendeiner Art von Schuld aufzubauen.

Das hat für Dich keine Bedeutung ... zumindest keinen Nutzen ... es ist nur eine Perversion von Verantwortung ... unnötig in Deinem Erleben ... von jetzt an ... Was Du in der Vergangenheit getan hast, war das Beste, was Du zu jener Zeit tun konntest ... Das Beste, was Du an Bemühungen tun konntest ... Du hast dazugelernt, denn Du siehst die Vergangenheit nun mit den Augen der Gegenwart ... und wenn Du von nun an frei bist ... kannst Du den Menschen, die Du liebst, einfach besser Gutes tun ... Du hast Dich weiterentwickelt und bist gewachsen ... Du verstehst nun, dass Schuld losgelassen werden kann ... Nur Erfahrung und Erziehung haben eine Bedeutung für Dich ...

Deine Kindheit und Erfahrungen wurden von den damaligen Umständen geleitet. Du wirst die Dinge behalten, die Du magst und mit denen Du übereinstimmen kannst ... aber alle Gefühle, Ängste und Zweifel, welche in Dir leben, sind nicht mehr länger die Deinen ... Diese Dinge waren Unfälle. Du musst sie nicht behalten. Du kannst sie abhaken, als vorbei, erledigt und beendet betrachten ...

Nun beginne, an jedem Tag nach Deinen Vorstellungen zu leben. Du reifst an dieser Einstellung sehr schnell ... Neue Erfahrungen helfen Dir ... zu der Person heranzureifen, die Du sein willst ... Du wirst davon überzeugt sein ... hast die ... dass Du das Einzige bist, das Du brauchst, um erfolgreich zu sein, dass Du all die Dinge haben kannst, die Du für Deinen Erfolg brauchst ... Du spürst das jetzt und jeden Tag aufs Neue ...

Entspanne jetzt und erfahre diese Einstellung. Das Einzige, was Du jetzt tun kannst ... ist die Welt außen vor zu lassen, in Dich zu gehen, zu entspannen und das Gefühl zu haben, dass Du Dich in diesem Moment besser fühlen kannst als jemals zuvor ... Das ist die Realität. Nutze sie ...

... und fange an zu glauben, dass all Deine positiven und erfolgreichen Erfahrungen aus der Vergangenheit emotional starke Werte für Dich beinhalten. Diese Gefühle und Emotionen gehören zu Dir. So wie ein altes Familienlied oder ein persönliches Foto, bringen positive Emotionen vergrabene Emotionen wieder. Sie bringen Gefühle zurück, die Du fast vergessen hast. Sie kommen durch ein Ereignis in Deinem Tagesablauf einfach spontan wieder ... Nimm diese Bilder der Erinnerung wahr und fühle dabei den gleichen Stolz und das gleiche Glück, das Du vor Monaten oder Jahren bei dem Erlebnis empfunden hast ...

Diese Gefühle gehören zu Dir. Glaube den besten Erinnerungen, wenn sie auf Dich zukommen. Entspanne Dich und lasse Dich gleiten. Spüre ... wie sich Dein Körper immer mehr entspannt. Entspanne immer mehr und mehr, während Du meiner Stimme lauschen kannst und die Welt immer weiter ... und weiter davongleitet ... Während Du mir zuhörst, kommen Dir solche positiven Gedanken entgegen ... sie werden das Beste aus Dir herausholen ... automatisch ... Falls Du Dich jemals stolz, selbstbewusst, couragiert oder erfolgreich gefühlt hast und den Wunsch hattest ... etwas Besonderes zu sein ... dann kannst Du diese Gefühle und die Einstellung jetzt nutzen ... Lasse sie vorangehen wie ein ehrlicher, aktiver Teil in Deinem Leben ... für Deinen Zweck ... Du kannst Dein Bestes nutzen ... Deine besten Gefühle ... Sie sind einfach zu wertvoll. Lasse diese Gefühle wiederauferstehen ...

Ich möchte mit Dir üben ... diese Dinge so zu sehen ... wie sie in Wirklichkeit sind ... Du entwickelst Dich und Du empfindest großen Stolz dabei ... Deine Fähigkeit, Wissen anzueignen, steigt von Tag zu Tag ... und nicht nur das ... Du hast auch die Möglichkeit, dieses Wissen in Ruhe in Deinem Geist zu ordnen ...

Du fängst an, die finale Entscheidung zu erkennen ... nämlich die, dass es an Dir liegt, wie Du Dich in einer Situation fühlen

7.5 Hypnose zur Steigerung des Lernens und Lebens

kannst ... auch beim Lernen ... das kann niemand für Dich machen. Niemand tut Dir was und es liegt an Dir, ob Du es zulässt ... dass jemand Dein Leben in irgendeiner Art und Weise kontrolliert. Es ist Deine Entscheidung ... nicht die eines Anderen ...

Du bist eine einzigartige Persönlichkeit ... Du bist einmalig auf dieser Welt. Du erkennst ... dass viele Menschen etwas in ähnlicher Art und Weise machen wie Du ... aber niemand vollkommen gleich ... weil Du ein Individuum bist ... und in Dir eine tiefe Weisheit hast ... auch wie Du lernst und Wissen annimmst ... großartig ... in Deinem Sein ... Genieße das Gefühl. Es ist wahr ...

Fehler existieren nicht. So etwas gibt es nicht. Der Grad Deines Erfolges kann nur von Dir gemessen werden. Selbst der kleinste Erfolg wird ein Samen für Deine Zukunft sein. Er wird wachsen, wenn Du ihm genügend Aufmerksamkeit schenkst ... Furcht ist immer Phantasie.

Du alleine entscheidest, wie die Welt für Dich in Wirklichkeit aussieht. Entspanne Dich jetzt ... Denke daran: »Ich würde, wenn ich könnte« ... »Ich würde« ist ein Traum und ein sehr guter Traum. »Wenn ich könnte« ist die Suche nach einem Plan oder einem Weg, es für sich selbst wahr werden zu lassen. »Ich kann« ist die Harmonie aller Gefühle und Gedanken, die Deinem Leben Erfolg vermittelt ...

Dein Leben wird nun einfacher und leichter ... Dein Unterbewusstsein erlaubt sich nun, einfachere Wege zu gehen ... weil es genau weiß ... was Du brauchst ... nur eben ab jetzt ohne Umwege ... in Deinem Leben ... beim Leben ... wo auch immer Du diese Erfahrung brauchst ... Es ist vollbracht.

7.6 Der Schutzschild

Manchmal ist es wichtig, sich vor dem Außen zu schützen, um sich nicht zu verlieren und den Prozess der Erschaffung nicht durch das Reagieren im Außen zu vergessen. Die Schutzschildtechnik hilft Dir und Deinem Probanden dabei.

Ansprechen des Probanden:

Drifte nun ab in einen entspannten Zustand ... und erlaube Dir und Deinem Körper, Dich zu entspannen und Dich ein wenig zu erholen ... und während Du einfach noch tiefer gleitest, scheinen alle Dinge, die Dich ablenken könnten, zu entschwinden ... ja helfen Dir sogar, einen angenehmeren Zustand der Hypnose zu erreichen.

Ich möchte, dass Du Dich auf Deine Atmung konzentrierst ... atme reine Entspannung ein ... und atme Deine gesamten Spannungen aus ... spüre, wie alle Spannungen aus Dir gehen ... während Du ausatmest ... spürst Du ... wie Du immer tiefer und tiefer in Entspannung gleiten kannst, während Du einatmest ... und Deine Atmung ist ganz gleichmäßig ... so leicht und mühelos und Du entspannst Dich immer mehr und mehr ... und Dein gesamter Körper entspannt sich und Du driftest immer tiefer und tiefer in diese Entspannung ... mit jedem Atemzug, den Du tust ... und Du spürst ein warmes Gefühl der Entspannung ... durch Deinen Körper gleiten.

Und Du kannst wahrnehmen ... dass manche Körperteile ... und Regionen einfacher zu entspannen sind als andere ... Du spürst dieses angenehme Gefühl in diesen Körperteilen ... die entspanntesten Teile Deines Körpers ...

Und Du spürst ... wie sich diese entspannten Körperregionen auf den Rest Deines Körpers ausweiten ... und während sich dieses erstaunliche ... warme und wundervolle Gefühl der Entspannung

7.6 Der Schutzschild

auf den Rest Deines Körpers ausbreitet ... wird dieses Gefühl stärker und die Entspannung weitet sich einfach aus ... und während sich dieses Gefühl immer weiter ausbreitet, wünschst Du Dir ... immer mehr und mehr zu entspannen ...

Stelle Dir einfach vor, wie die Entspannung sich wie helle Sonnenstrahlen in Dir ausbreitet ... angenehm warm und entspannend ... wie die Ringe des Wassers in einem Teich, verursacht von einem ins Wasser geworfenen Stein ... und die Entspannung breitet sich über Deinen gesamten Körper aus ... in jeder Zelle ... in jeder Faser ... in jedem Knochen ... und Du genießt diese ruhige und friedliche Entspannung in jedem Teil Deines Körpers ... und mit jedem Moment, der verstreicht, wird dieses Gefühl der Tiefe, Ruhe und angenehmen Entspannung stärker und jede Zelle, jeder Nerv und Teil Deines Körpers kennt und genießt diese Erfahrung ... und dieses wundervolle Gefühl breitet sich nun jenseits der physischen Grenzen Deines Körpers aus ... es breitet sich aus und legt sich wie ein Schutzschild um Dich ... und Du kannst dieses Gefühl ausweiten, so weit, wie Du magst ... weit ... jenseits Deines Körpers ... oder ganz nahe bei ihm, wie eine zweite Haut ...

Und seitdem diese Schutzblase oder dieser Schutzschild Deine Schöpfung ist, kannst Du damit machen, was Du willst ... Du kannst diesen Schild in jeder Weise nutzen, wie Du möchtest ... die Verwendungsmöglichkeiten dieses Schutzschildes sind endlos ... er kann als Filter dienen, der Gefühle oder Dinge herausfiltert, die um Dich herum vorgehen ... oder Situationen, die unangenehm sind, fernhalten oder Du kannst sie kontrolliert hereinlassen, um Erfahrungen zu machen ... und er kann wie ein Verstärker dienen, damit andere Menschen Dich verstehen und dass andere Menschen Dich verstehen ...

Und diese Schutzblase kann für die Menschen, bei denen Du das willst, sichtbar oder unsichtbar sein ... und Du kannst den Schutzschild auf jede Art und Weise nutzen, wie Du möchtest ... und das ist in Ordnung ... denn dieser Schild ist Deine eigene

7 Hypnosetechniken

Erfindung ... und Du verwendest diesen Schild ... und genießt all die Annehmlichkeiten in jedem Teil Deines Körpers ... und Du kannst nun damit experimentieren ... Du kannst ihn so groß werden lassen, wie Du magst ... um sich damit an einen anderen Ort oder in eine andere Zeit transportieren zu lassen ... und je mehr Du ihn nutzt, desto stärker wird er ...

Nimm einfach wahr, wie Du Dich jetzt fühlst ... und Du kannst diesen Schild nun auch nutzen, um an diesen Ort des Friedens, der Ruhe und der tiefen Entspannung zu jeder Zeit zurückzukehren, um Deinen Schild zu nutzen, wann immer Du das möchtest ... und Du nutzt den Schild und spürst, wie sich die Entspannung in Deinem ganzen Körper ausbreitet ...

7.7 Der innere Beobachter

Dieser Text führt den Probanden in eine neue Sichtweise seines Erlebens. Es ist durchaus spannend, sich diese hypnotischen Fragen zu stellen, um Dinge aus einer anderen Perspektive zu betrachten. Es kann jedoch vorkommen, dass der Proband danach ein wenig verwirrt ist. Das ist nicht schlimm, denn Verwirrung ist durchaus ein willkommener Zustand des Neulernens.
Ansprechen des Probanden:
Wenn ich Dich jetzt einfach frage: »Wer bist Du?« ... dann geschieht ein sehr einfacher Vorgang: Du ziehst eine Grenze ... Du fängst an, Dich selbst zu beschreiben ... während alles außerhalb dieser Grenze Dein „Nicht-Selbst" wird ... Dein Selbst, Deine Identität ... so wie Du sie kennst ... ist eine Grenze nach außen ... Du bist ein Mensch ... und kein Vogel ... das weiß Dein Selbst ... Du ziehst unbewusst eine Grenze ... zwischen Dir und Deiner Umwelt ... »Wer bist Du?« ... ist eine Aufforderung, eine Grenze zu ziehen ... Jede Antwort, egal auf welcher Ebene Du sie beantworten magst ... ob wissenschaftlich, theologisch ... oder ökonomisch ... hängt davon ab ... eine Grenze zu ziehen ... eine Grenze zwischen Dir und Deiner Umwelt ... das Spannende an dieser Grenze ... an der Grenzlinie ist ... dass man sie verschieben kann ... Es mag faszinierend sein ... ja sogar erschreckend ... aber ich verrate Dir jetzt, welche Grenze wir als gültig anerkennen ... wir alle ... sogar Du und ich ... es ist die Grenze, die wir als Haut kennen ... Alles in der Hautgrenze bist Du ... bin ich ... während alles außerhalb letztendlich „Nicht-Ich" ist ...

Außerhalb der Hautgrenze gibt es ein »Meins« ... »mein Auto« ... »meine Arbeit« ... »mein Bild« ... »mein Fernseher« ... Aber es gibt noch weitere Grenzen ... weitere Grenzen innerhalb der Hautgrenze ... erlaube Dir einfach, ein wenig in Dich zu gehen ...

10 s Pause

Ich lade Dich ein, Dein Bewusstsein zu erforschen ... ich lade Dich ein, Dich jenseits des Horizonts zu bewegen ... den Du kennen magst, den andere für Dich definieren ... erlaube Dir, für einen Moment mehr als das zu sein, was Du von Dir kennst ... was Du als »Selbst« bezeichnest ... erlaube Dir, jetzt eine wundervolle Reise voller Erkenntnisse zu beginnen ... nichts von all dem ist wahr, wenn Du es nicht willst ... nichts von all dem, was ich Dir jetzt sage, wird Dich weiterbringen oder zurückwerfen ...

Etwa ein bis zwei Minuten Pause zwischen den Fragen

Beantworte die folgenden Fragen einfach für Dich selbst:

1. *»Hast Du das Gefühl, einen Körper zu haben? Oder hast Du das Gefühl, ein Körper zu sein?«*

2. *»Wenn Du das Gefühl hast, einen Körper zu haben ... dann liegt er dadurch wohl außerhalb Deines Selbst ... denn wie wir festgestellt haben, ist ›Haben‹ außerhalb des Seins ...«* Beantworte für Dich selber folgende Frage: *»Hast Du das Gefühl, Gefühle zu haben oder hast Du das Gefühl, Gefühle zu sein? Auch hier, wenn Du das Gefühl hast, Gefühle zu haben, was schon seltsam von der Formulierung ist ... ist ›Haben‹ wieder außerhalb des Seins ...«*

3. *»Glaubst Du, Gefühle zu haben oder Gefühle zu sein?«*

4. *»Haben ist außerhalb des Seins ... Hast Du Gedanken oder bist Du Gedanken?«*

5. *»Haben ist außerhalb des Seins ... Bist Du Glaube oder hast Du Glaube?«*

6. *»Haben ist außerhalb des Seins ... Bist Du Werte oder hast Du Werte?«*

7. *»Haben ist außerhalb des Seins ... Bist Du der Beobachter oder hast Du das Gefühl, einen Beobachter zu haben?«*

7.7 Der innere Beobachter

Erlaube Dir nun einfach, Deine eigenen Antworten, die Du soeben gefunden hast, ein wenig auf Dich wirken zu lassen. Nimm Dir Deine eigene Zeit. Ich werde Dir jetzt noch 2 Minuten oder vielleicht auch mehr geben, um die Dinge in das Alltagsbewusstsein mitzunehmen, welche für Dich wichtig sind.

2 Minuten oder länger Pause

7.8 Selbstbewusstsein

Ein starkes Selbstbewusstsein hilft in jeder Situation. Dieses Skript soll genau dieses Selbstbewusstsein wiederentdecken.

Ansprechen des Probanden:

Jetzt, nachdem Du vollkommen entspannt bist, fühlst Du Dich vollkommen frei von jeder Verantwortung ... von jedem Zwang ... von jeder Meinung ... und von jeder Furcht ... Du erlebst jetzt, schon bald, in wenigen Augenblicken, wie es ist, wenn Du selbstbewusster wirst ...

Du hast schon einen gewaltigen Schritt getan, indem Du bereit warst, bei dieser Hypnose mitzumachen.

Beginne einfach die Stärke in Dir zu spüren, die Dich motiviert, ein Leben in Freude und Glück zu führen ... Dein naturgegebenes Anrecht ... seit jeher ... weil es in unserer Natur liegt ... glücklich zu sein ... beginne die Stärke in Dir zu spüren, welche jeden Zweifel von Dir einfach wegweht ... Du wirst merken, dass alles Schlechte nun von Dir weicht ... wenn Du anfängst »Ja« zu Dir und zu Deinem Sein zu sagen und was bleibt, ist Selbstbewusstsein, Stärke und Selbstkontrolle ...

Selbstbewusstsein heißt ... Dich Deiner Selbst bewusst zu sein ... Zu wissen, dass man ist, zu wissen, was man ist ... nehme Dir jetzt einen Augenblick Zeit ... und konzentriere Dich bitte ausschließlich auf Dein Sein.

30 s Pause

Liebe und Glück sind ein Grundrecht eines jeden Menschen, Selbstakzeptanz ist ein Grundrecht. Betrachte Dich für einen Augenblick lang ganz für Dich alleine.

30 s Pause

Dieser Mensch hat es verdient, glücklich zu sein. Dieser Mensch, den Du gerade beobachtest ... also Du ... hat es verdient, den natürlichen Status der Liebe zu erfahren ... denn die Basis, andere zu lieben ... beruht auf dem Ursprung ... sich selbst lieben zu können ... und Du magst oder liebst Menschen nicht aufgrund ihrer Erfolge, Du magst oder liebst Menschen aufgrund ihres Wesens.

Genauso ist es möglich, diese Person ... Die Du gerade betrachtest, aufgrund ihres Wesens zu lieben. Du wirst ab heute die Fähigkeit besitzen, selbst zu Deiner Person stehen zu können ... Heute ist der erste Tag vom Rest Deines Lebens ... Nutze die Gelegenheit ... die Chance, ein selbstbewusstes, freies Leben zu genießen.

Erkenne ... dass der erste Grund für ein selbstbewusstes Ich ist, sich mental gut zu fühlen. Sich emotional gut zu fühlen ... sich körperlich gut zu fühlen ... Erkenne jetzt einfach ... dass Du Deine Freiheit und die Autorität besitzt, Deine Grundbedürfnisse zu erfüllen ... Realisiere jetzt, dass Du selbst verantwortlich für Dein Leben bist, egal ob Du gerade leidest oder genießt ... Dich gut oder schlecht fühlst ... Du bist verantwortlich für alle Konsequenzen Deines Denkens und Handelns ... Deshalb ist es wichtig, eine gute Ausgangslage zu haben und sich mental, körperlich und emotional gut zu fühlen ... Werde Dir jetzt mit einem guten Gefühl bewusst, Regisseur Deines eigenen Lebens zu sein. Nutze die Gelegenheiten, welche sich bieten und ergreife sie ... Fange an, Dein Erbe des Wünschens wahrzunehmen und anzutreten ... Die Gnade des Wollens ... des Forderns ... des Wagens ...

Wage es jetzt, zum Wohle für Dich selbst und für Andere in Deinem Leben ... denn ... kein Fehler ... keine Strafe ... wird jemals so schlimm sein ... dass es das Leben in seiner Reichhaltigkeit nicht gerecht wieder gutmachen würde.

7.9 Tempel der Heilung

Dieses Miniskript dient dazu, seine inneren Heilungsfähigkeiten zu aktivieren. Manchmal braucht man nicht viel, um Vieles zu bewirken ...

Ansprechen des Probanden:

Bei der Zahl 3 fühlst Du Dich in die Zeit des berühmtesten Tempels der Heilung, den man je gekannt hat, zurückversetzt. 1 ... 2 ... 3 ... Du stehst jetzt draußen vor dem berühmtesten Tempel der Heilung.

1 min Pause

Betritt den Tempel und treffe jetzt bitte einfach auf die Ärzte und Priester, die mit Dir arbeiten werden ... Erlaube Dir einfach einen Moment abzuwägen und die passenden Heiler für Dich zu finden ...

1 min Pause

Und nun ... da Du die passenden Heiler gefunden hast ... nimm Dir ein wenig Zeit, um Dich mit Ihnen zu unterhalten ... sie werden Dir sicherlich sehr wertvolle Dinge erzählen ... die Du nutzen kannst ... um wirkliche Erfolge zu erzielen ... für Dich ... Deine Gesundheit ... und Dein Wohlergehen. Lasse jetzt alle Diagnosen und Tests mit Dir machen ...

5 min Pause

Die Diagnosen sind jetzt festgestellt und Du siehst Dich jetzt selbst bei bester Gesundheit und vollkommen geheilt mit den Ärzten und den Priestern, die am Heilungsprozess teilgenommen haben.
Sehe Dich selbst bei bester Gesundheit, wie Du den alten Tempel der Heilung verlässt; zurückversetzt in die Gegenwart, in die alle Gefühle und Energien, die Du entwickelt hast, mitgenommen werden können ... Nimm dann einen tiefen Atemzug ... und festige die Erfahrung ein wenig ... bevor Du gleich Deine Augen

aufmachst ... während Du diese heilende Energie durch Deinen Körper fließend wahrnehmen kannst ...

7.10 Körpermeditation

Diese Technik ist äußerst mächtig, denn sie bezieht den Körper des Hypnotisierten in einem starken Maß mit ein. So beginnen viele Hypnotiseure mit der Körperarbeit mit dem Klienten.

Ansprache des Hypnotisierten:
Während Du ... immer weiter und weiter ... entspannst ... für den Moment ... ist es einfacher ... als sonst ... diesen wirklich guten und wohlwollenden Anteil zu spüren ... der dafür sorgt, dass Du jetzt hier sitzt/ liegst und Dich auf diese Hypnose einlässt.

Weit weg vom Lärm ... der Zeit ... ist da etwas in Dir ... was wirklich mehr erfahren und erleben möchte ... etwas, was Dich heute zu mir gebracht hat ... etwas, was Dich dazu brachte, hier zu sein ... und diese Hypnose zu genießen.

Dabei ist es gut ... diese Zeit sinnvoll zu nutzen ... um einfach den positiven Effekt hiervon zu haben ... sich darauf einzulassen ... denn nur so hast Du die Möglichkeit ... Dein Potenzial zu erfahren.

So fühle jetzt in Dir ... diesen wirklich wohlwollenden ... und wollenden Anteil von Dir ... der wirklich Heilung oder Veränderung haben möchte. Jenen Anteil, der Dich heute hierher geführt hat.

1. »Wo fühlst Du den Anteil im Körper am meisten?«
2. »Ist er tief oder eher oberflächlich?«
3. »Welche Farbe hat er?«
4. »Breitet er sich aus oder zieht er sich eher zusammen?«
5. »Bewegt er sich in eine Richtung?«
6. »Hat er ein Symbol oder erinnert dieser Anteil Dich an etwas? Beispielsweise an eine Person, eine Begebenheit, ein Tier oder ein Lied?«

7.10 Körpermeditation

Gib Dir jetzt die Möglichkeit, diesen Anteil zu begrüßen, ihn willkommen zu heißen, ihn wissen zu lassen, dass Du mit ihm zusammenarbeiten möchtest. Vielleicht weiß ich nicht, wie genau Du das machen kannst, aber ich bin mir sicher, Du findest in Deinem inneren Dialog die richtigen Worte und die richtige Ansprache für diesen Anteil. Lass ihn wissen, dass er willkommen ist und Du bereit für ihn bist.

7.11 Der Abgrund

 Wir können ständig auf die guten Ereignisse blicken, wenn wir uns nicht trauen, unserem Abgrund zu begegnen, bleiben wir stets gefangen von unserer düsteren Seite. Dieser Text wird Dir helfen, die Dinge sicher hochzuholen, die vielleicht sehr tief in Deiner Seele verborgen sind. Eine unglaublich wertvolle Erfahrung. Gestalte sie für den Probanden würdevoll und respektvoll. Wenn Trauer hochkommt, darf diese durchaus sein. Erlaube dem Probanden dann einfach, jede Emotion zu spüren und ermutige ihn, diese zuzulassen.

Ansprache des Probanden:

Gestatte Dir, zunächst an Deinen sicheren Ort zurückzukehren ... halte für einen kurzen Augenblick inne ... komm an ... und hole Dir einfach ein wenig Kraft ... ein wenig Kraft, die Du brauchen wirst ... um die heutige Herausforderung ... zu bewältigen ...

Heute wollen wir eine neue Seite Deines Unterbewusstseins kennenlernen ... wir wollen Dinge betrachten, welche lange Zeit tief, ganz tief, irgendwo unten in Deinem Unterbewusstsein schlummerten und von dort aus trotzdem ihre Wirkung auf Dich zeigten.

Heute machen wir uns diese Dinge einfach bewusst, sodass Du in Zukunft besser damit umgehen kannst.

Stelle Dir einfach vor, Du gehst aus Deinem sicheren Ort ... einen Pfad entlang ... heraus ... mit dem Wissen, dass Du heute Deinen Abgrund (oder das Wurmloch) besuchen kannst.

Betrachte die Pflanzen und die Bäume am Wegesrand ... vielleicht siehst Du auch das ein oder andere Tier ...

10 Sekunden Pause

7.11 Der Abgrund

Erlaube es Dir ... Dich selbst auf diese Aufgabe vorzubereiten ...

Nach einer Weile wirst Du spüren, dass Du Deinem Ziel immer näher und näher kommst und Du wirst bemerken, wie von Weitem ein kleiner Hügel, eine Art kleiner Vulkan, zu sehen ist. Gehe einfach dorthin und betrachte den Abgrund (das Loch) für eine Weile.

1. »Wie sieht der Abgrund aus?«
2. »Was fühlst Du, wenn Du den Abgrund siehst?«
3. »Betrachte den Abgrund für einen Augenblick. Was ist das Erste, das Dir einfällt, wenn Du den Abgrund siehst?«
4. »Erlaube es Dir ... in Deiner Vorstellung ... Dich hinzusetzen und in eine Art Meditation zu verfallen ... gehe tiefer in die Hypnose und lass die ersten Erinnerungen hochkommen, welche eben gerade aufkommen.«
5. »Jetzt erlaube es Dir, dass aus der Tiefe etwas Gutes emporsteigt ... die positive Absicht des Wurmloches ... Wozu ist es da?«
6. »Es ist an der Zeit, diesen Ort wieder zu verlassen. Betrachte den Ort noch mal, hat er sich irgendwie verändert?«
7. »Okay, sehr gut, dann verlassen wir jetzt einfach den Ort und gehen wieder zurück zum sicheren Ort, zum Ort der Kraft.«

Wenn Du dort angekommen bist, noch abschließend drei Fragen:

»Gibt es jemanden aus Deiner Vergangenheit, an den ich Dich erinnere?«

»Welche Eigenschaften habe ich mit dieser Person gemeinsam?«

»Was hast Du gerade eben gelernt?«

8 Ausleitung

Eine Ausleitung aus einer Hypnose ist eine reine Formsache, die aber im Setting einer Hypnose in ein Ritual verpackt wird. Man könnte dem Probanden auch ein Wecksignal suggerieren oder ihm die Erlaubnis geben, dass er wieder die Augen aufmachen kann, wenn er mag.

Kein Mensch bleibt ewig unter Hypnose oder schafft es nicht mehr von selbst, sich auszuleiten. Dies ist eher ein Gerücht, welches von unwissenden Menschen, welche Angst schüren wollen oder es nicht besser wissen, verbreitet wird.

Wichtig zu Wissen

Ein festes Ritual der Beendigung einer Hypnose gibt aber einen passenden Abschluss und vermittelt dem Probanden ein Gefühl von Sicherheit.

Empfehlenswert ist es, bei einer Ausleitung alle Suggestionen zurückzunehmen, welche nur dafür da waren, um die Trance zu verstärken. Beispielsweise Schwere, Leichtigkeit, Wärme oder Ähnliches.

Der Text ist alles, was Du brauchst, um jemanden auszuleiten. Du kannst auch nichts falsch machen dabei. Wenn Du möchtest, dass derjenige weiter in Trance bleibt und in einen Schlafzustand übergeht, verwende den übernächsten Text.

1. *Langsam, ruhig und vollkommen entspannt und leicht kehrst Du wieder zu Deinem vollen Bewusstsein zurück.*

2. *Jeder Muskel in Deinem Körper fühlt sich locker und leicht an und Du fühlst Dich gut und entspannt.*

3. *Jede Zelle Deines Körpers funktioniert weiterhin perfekt … Du fühlst Dich körperlich, geistig und emotional stark und ausgeglichen …*

8 Ausleitung

4. *Erlaube Dir vielleicht schon jetzt, langsam deine Finger zu bewegen ... bei der nächsten Zahl wirst Du erfrischt die Augen aufmachen können, einen guten und tiefen Atemzug machen können und lächeln ...*

5. *Öffne jetzt einfach Deine Augen. Merke wie Du JETZT bei vollstem Bewusstsein bist, nimm einfach einen guten und tiefen Atemzug, strecke Dich ein wenig, wenn Du magst, und erlaube Dir ein Lächeln.*

Wenn der Proband noch immer nicht vollkommen da ist, dann empfiehlt es sich, den Text noch einmal vorzulesen oder ihn tatsächlich das Gesicht mit kühlem Wasser waschen zu lassen. Frische Luft tut ebenfalls sehr gut.

Übergang in den Schlaf:

Wenn Du es nun wünschst, dann erlaube Dir einfach, die Ruhe in Deinem Geist und die willkommene Entspannung zu genießen und gleite einfach weiter in einen wundervollen und entspannenden Schlaf. Danke, dass ich Dich begleiten durfte. Die positiven Dinge, die Dir in der Trance begegnet sind, werden Dich auch durch Deine Träume begleiten und das Beste in Dir noch weiter verstärken.

9 Die Weltsicht und Gedankenwelt eines Hypnotiseurs

Die Texte und Übungen haben Dir nun einen kleinen Einblick gegeben, was eine Hypnose bewirken kann. Was unterscheidet aber diese Texte von einer professionell durchgeführten Hypnose? Genau diese Antwort möchte ich Dir nachfolgend in einer kurzen Übersicht geben.

Das Hypnotisieren ist tatsächlich leicht erlernbar. In jedem guten Seminar lernt man das Hypnotisieren in etwa zwei Tagen. Mit etwas Übung kann man Menschen innerhalb von wenigen Tagen sicher und ohne Anleitungen und Skripte in gute Trancezustände führen.

Ist das aber wirklich alles? Jemanden in einen Trancezustand versetzen, ihm ein paar Texte zukommen lassen, das Ganze Suggestion oder Metapher nennen und fertig?

Ich persönlich, als Autor dieses Buches, war immer der Meinung, dass es mehr geben muss. Sehr schnell kam ich dabei auf die Arbeiten von Stephen Wolinsky und Jack Elias. So erschloss sich mir eine Welt, welche der eines modernen Schamanen gleichkommt.

Die Grundannahme: »Wir sind immer in Trance.«

Ein Profihypnotiseur hat es sich zur Aufgabe gemacht, den Bewusstseinszustand der Hypnose für sein Gegenüber nutzbar zu machen.

Dafür gibt es mehrere Möglichkeiten:

- Psychotherapie
- Medizin
- Coaching/ Lebensberatung
- Showhypnose

9 Die Weltsicht und Gedankenwelt eines Hypnotiseurs

In der Medizin wird die Hypnose angewendet, um Schmerzen zu reduzieren. Beispielsweise in der Zahnmedizin oder in Bereichen, in denen normale Schmerzmittel nicht mehr helfen. Bei Krebs zum Beispiel.

In der Psychotherapie bearbeitet man damit Psychische Störungen wie beispielsweise Ängste, Zwänge, Psychosomatische Beschwerden oder Sexualstörungen. Wenn Du mehr über die Arbeit in der Psychotherapie erfahren magst, empfehle ich Dir meine Webseiten. Hier kannst Du Dich über den aktuellen Forschungsstand, die Bandbreite der Therapiemöglichkeiten und über Ausbildungen informieren. Eine Auswahl wirklich guter Anbieter findest Du am Ende dieses Buches.

Sowohl eine medizinische wie auch eine psychotherapeutische Hypnose bedürfen einer Heilzulassung, wie sie in Deutschland nur der Arzt oder Heilpraktiker hat.

Im Coaching und in der Lebensberatung wird Hypnose benutzt, um Prozesse des alltäglichen Lebens zu transformieren. Das heißt: Man lernt Dinge, die man schon kann, noch besser kennen und nutzen und erlernt neue Dinge mit größerer Leichtigkeit. Auch hat man dadurch die Möglichkeit, einige Schwierigkeiten mit mehr Distanz zu betrachten.

In der Showhypnose werden hypnotische Zustände mit der Bereitwilligkeit des Hypnotisierten benutzt, um Zuschauer zu amüsieren. Einige der Experimente, welche auf der Bühne gezeigt werden, sind gefährlich, wie beispielsweise die »Kataleptische Brücke«[14] Showhypnose vermittelt dem Zuschauer häufig ein falsches Bild über Hypnose, z.B. dass der jeweilige Hypnotisierte der Willkür des Hypnotiseurs ausgeliefert sei. Dies sehen seriöse Anwender häufig als Ursache an, dass noch

---

[14] »Kataleptische Brücke« —Der Hypnotisierte liegt auf dem Boden und ihm wird einsuggeriert, dass er steif wie ein Brett ist. Dann heben zwei Personen den Hypnotisierten zwischen zwei Stühle und die Körperspannung hält ihn.

immer viele Menschen Vorurteile gegenüber der Anwendung der Hypnose haben.

9.1 Der transpersonale Ansatz der Hypnotherapie

Der transpersonale Ansatz in der Hypnotherapie wurde Ende der 1960er Jahre in den USA entwickelt. Die Wurzeln dieses Ansatzes gehen weit zurück bis zu C. G. Jung, Victor Frankl, Abraham Maslow und Ken Wilber. Der aktivste amerikanische Vertreter dieser Sicht ist momentan Jack Elias. Interessanterweise war der Mitbegründer des humanistischen Ansatzes, Abraham Maslow, maßgeblich auch für die Entwicklung der transpersonalen Psychologie verantwortlich.

Transpersonal bedeutet zum einen »über die Persönlichkeit hinausschreitend« und zum anderen erweitert es den klassischen Ansatz der Hypnotherapie um einen philosophischen, religiösen und spirituellen Aspekt. Transpersonale Hypnotherapie beschäftigt sich mit Bewusstseinszuständen »jenseits« (trans) der persönlichen Erfahrung. Das Bewusstsein wird als stets dynamische Komponente gesehen, welche erweitert und eingeengt werden kann. Die daraus einhergehende Transzendenz von lat. transcendere »übersteigen« erfolgt durch die Realisation des spirituellen Potenzials des Menschen. Transpersonale Hypnotherapie eröffnet die Ressourcen des Unterbewusstseins und versucht, das Bewusstsein mit der Quelle von allem zu verbinden.

Transpersonal bedeutet »über die Persönlichkeit hinausschreitend«

Was als Erstes befremdlich erscheint, ist im weitesten Sinne ein Resultat logischer Betrachtung aus der Sicht eines Weltbildes, welches davon ausgeht, dass Informationen bewusstseinsverändernd sind.

Anfang der 1970er Jahre wurde der Begriff der Systemik immer populärer. Systemik eröffnete eine Weltsicht, dass jede Einheit ein Teil eines Systems ist und somit Einflussmöglichkeiten auf das Ganze besitzt. Wenn wir in einer systemischen Betrachtung davon ausgehen, dass alles mit allem interagiert, dann können wir davon ausgehen, dass alles mit allem verbunden ist und wir uns dementsprechend mit allem verbinden können. Die transpersonale Hypnotherapie geht von folgendem Ansatz aus: Wir sind nicht, was wir denken. Was wir denken, ist eine Bündelung von Trancezuständen und dadurch unser eigener tiefster Trancezustand. Unser Bewusstsein ist in diesem Trancezustand absorbiert. Das heißt, es identifiziert sich mit unseren Gedanken und selektiert die Wahrnehmung durch diese. Jede Form von Kommunikation, intrapersonell und interpersonell, ist ein Austausch von Gedanken über die Realität. Das Erleben von Realität ist eine Korrektur, eine Angleichung oder eine Synchronisierung der Gedankenwelt in Bezug auf die Umwelt.

Das wir nicht die sind, die wir denken zu sein, ist nicht der Grund für unsere Probleme. Wir selektieren unsere Gedankengänge und versuchen dadurch unser Konzept, was wir sind, zu aktualisieren. Zum Problem wird es erst, wenn unser Selbstentwurf an der Realität scheitert und uns die Lösungskompetenz für eine neue Situation fehlt. In unserer Kindheit gehen wir davon aus, dass Menschen, die uns nahe sind, richtig handeln. Wir gehen davon aus, dass das Verhalten, das unsere Eltern oder nächsten Angehörigen an den Tag legen, perfekt ist. Wir internalisieren Muster der Kommunikation, des Verhaltens und des Konzepts der Realität und gehen davon aus, dass Menschen so zu sein haben. Eine der verletzendsten Erfahrungen ist es, wenn dieses Konzept widerlegt wird. Der Grad, wie unsere ersten Beziehungen verlaufen, bestimmt, wie wir ein falsches hypnotisches Selbstkonzept von uns entwerfen. Gefühle wie Scham, Verwirrung oder Angst determinieren dann das Ego, das versucht sich zu schützen und sich rigide durch Schutzmechanismen definiert, anstelle eines flexiblen Selbst, welches durch Veränderungen fließend hindurchschreitet.

In anderen Worten: Wenn einem vollkommen klar ist, wer man ist, dann verschwendet man keine Zeit damit zu bleiben, was man ist. Man verschwendet keine Zeit damit sich zu schämen, an sich zu zweifeln oder sich zu fürchten. Wenn wir von einem Konzept ausgehen, dass wir stets in Trancezuständen sind, können wir davon ausgehen, dass wir 24 Stunden am Tag hypnotisiert werden und sind. Von Geburt an, aus der Abhängigkeit eines Babys bis zum Greisenalter, sind wir auf einer »Hypnosebühne«, die uns durch die sozialen und kulturellen Kontexte ständig sagt, wer wir sind, welches Verhalten unseren Wert definiert und wohin unsere Aufmerksamkeit gehen soll. Verstärkt wird dies durch Wiederholung und emotionale Verstärkung an den Themen.

Gerade bei Kindern ist das hervorragend feststellbar: Nimm Dir bei Gelegenheit Zeit und schaue einem Kind beim Spielen zu. Wenn das Kind mit Spielsachen spielt, wirst Du viele Urteile hören, welche das Kind über sich selbst und über seine Umwelt von Erwachsenen gehört hat. Wir meistern somit unsere Fähigkeit der Hypnose in einem sehr frühen Stadium. So entwickeln wir Menschen schnell unsere Fähigkeit der Aufmerksamkeitsfokussierung und der Wahrnehmung. Wir verlieren schnell unsere Fähigkeit, ein Auto, ein Haus, einen Vogel, eine Currywurst oder sogar uns selbst ohne Zusatzinformationen wahrzunehmen. Der Stimulus des Autos, des Hauses, des Vogels, der Currywurst oder von uns selbst erzeugt eine Reihe von Emotionen, Gedanken, Urteilen und Erinnerungen, welche unsere Wahrnehmung von der Welt für immer verändert. Unsere Wahrnehmung wird somit von einer Reihe subjektiver Filter, biologisch und entwicklungspsychologisch bestimmt. Eine Möglichkeit, diese zu klassifizieren, nennen wir im nachfolgenden Kapitel »Hypnotische Phänomene«.

9.2 Hypnotische Phänomene

Es gibt viele Gerüchte, welche Möglichkeiten ein professioneller Hypnoseanwender hat, die er für sich und für andere nutzen kann. Ich habe hier einmal die wichtigsten hypnotischen Phänomene zusammengefasst, die von einem Profi unter Hypnose verändert werden können:

- Assoziation/Dissoziation
- Prähypnotische Suggestion/Posthypnotische Suggestion
- Regression/Progression
- Überempfindlichkeit/Unempfindlichkeit
- Hypermnesie/Hypomnesie
- Zeitverkürzung/Zeitverlängerung
- Flexibilität/Katalepsie
- Positive Halluzination/Negative Halluzination
- Wiedererleben/Verdrängung
- Trance/Wachsein

9.2.1 Assoziation

Unter Assoziation wird die Verbindung eines äußeren Reizes mit einem Gefühl oder einem Gedanken verstanden.

Aber auch ein Gefühl das entsteht, wenn wir ein Lied hören oder unsere Muskelspannung, die sich erhöht, wenn wir jemanden wiedersehen, der uns ein unangenehmes Gefühl verursacht hat, zeugt von einer Assoziation. Dies ist der hypnotische Begriff, der am ehesten mit dem klassischen psychologischen Begriff der Konditionierung[15] vergleichbar ist.

9.2.2 Dissoziation

Dissoziation[16] ist die Fähigkeit, sich von einem Gefühl zu einer bestimmten Sache oder einem bestimmten Thema zu lösen.

Ein Raucher beispielsweise ist nicht mehr fähig, die Vergiftung, welche eine Zigarette in seinem Körper verursacht, als solche wahrzunehmen. Er empfindet den Überlebenskampf als Entspannung. Unter Dissoziation versteht man eine Abspaltung des eigenen Körpers oder des Bewusstseins. Zahnärzte machen sich zum Teil die Dissoziation zunutze, um ihre Patienten ohne Anästhesie zu behandeln.

9.2.3 Prähypnotische Suggestion

Menschen mit Einstellungen, welche nicht zu ihrem Besten gereichen, sind das beste Beispiel für eine Prähypnotische Suggestion. Beispiel:

- »Frauen schaffen so was nicht.«
- »Was Hänschen nicht lernt, lernt Hans nimmer mehr.«
- »Von Mathematik wirst Du niemals was verstehen!«
- »Zu viel Phantasie schadet der Gesundheit.«

---

[15] Ein Begriff aus der Verhaltenspsychologie, welcher besagt, dass Menschen geplant auf etwas trainiert werden können, dass sie aber ebenso durch zufällige Ereignisse ein gewisses Verhaltensmuster als Anpassung annehmen.

[16] Dissoziation kommt aus dem Lateinischen: »dissociare« – entfremden, spalten.

und all jene Sprüche, welche sich ein Mensch im Laufe eines Lebens von Eltern, Verwandten, Lehrern und sonstigen Menschen anhören muss und welche er irgendwann einmal verinnerlicht, obwohl sie schädlich für ihn sind. Natürlich gehören auch alle positiven Einstellungen, Glaubensmuster und Glaubenssätze zu den prähypnotischen Suggestionen.

Jedes Mal, wenn ein Mensch einen Satz beginnt mit »Ich bin«, verrät er etwas über seinen einzigartigen Glauben über sich selbst und seine Beziehung zur Umwelt.

9.2.4 Posthypnotische Suggestion

Jede Suggestion, die bei einer Hypnose mitgegeben wird und wirkt, ist eine posthypnotische Suggestion. In modernen hypnosystemischen Publikationen wird der Begriff Suggestion häufig durch den Begriff »Einladung« ersetzt. Das klingt moderner und ist nicht so manipulativ besetzt.

Beispiele:

- Eine Suggestion, dass sich der Hypnotisierte besonders gut nach einer Hypnose fühlt
- Die Suggestion, dass jemand nach einer Hypnose besonders durstig ist
- Schmerzfreiheit bei einer Zahnbehandlung unter Hypnose

Bei einer Suggestion, die dem Patienten die Möglichkeit gibt, sobald er die Finger überkreuzt, sich selbstsicher und selbstbewusst zu fühlen (mit der Technik des sogenannten Ankerns[17]),

---

[17] Die Technik des Ankerns ist eine Technik aus dem Neurolinguistischen Programmieren — Abkürzung: NLP — Sie beinhaltet das Speichern eines gewissen Gefühls in eine Geste, in eine Handlung oder in ein Symbol. Hier wird dem Patienten unter Trance durch Imagination ein gutes Gefühl vermittelt und des Weiteren verstärkt. Nun wird

handelt es sich ebenfalls um eine posthypnotische Suggestion, gekoppelt mit dem Phänomen der Assoziation.

9.2.5 Regression

Der Vorgang, seinen Fokus in die Vergangenheit zu richten, wird als Regression bezeichnet.

Ein älterer Herr, welcher fortwährend über den Zweiten Weltkrieg nachdenkt und wenn es gewittert immer noch Panikattacken bekommt, weil er denkt, es kämen Bomber, weist das Phänomen der sogenannten Regression auf. So könnte dieser ältere Herr jetzt ständig Konserven bunkern »für den Fall, dass die Russen wieder einmarschieren«.

9.2.6 Progression

Progression ist die Möglichkeit, seine Gedanken in die Zukunft zu versetzen und dort zu planen.

Ein Hausbau, die Karriereplanung eines Angestellten mit Träumen und Zuversicht oder der Traum eines Sportlers von Olympia sind gesunde Beispiele für eine Progression.

9.2.7 Überempfindlichkeit

Menschen empfinden in verschiedenen Formen des Bewusstseins unterschiedlich. Unausgeschlafen sind wir viel empfindlicher als ausgeschlafen. Schmerz allgemein ist ein sehr subjekti-

---

dieses gute Gefühl durch einen Druckpunkt am Körper (Beispielsweise legt der Therapeut die Hand auf die Schulter des Patienten oder der Patient wird aufgefordert, zwei Finger zu überkreuzen.) geankert. Nach Ausleitung der Trance wird der Patient dieses gute Gefühl (NLPler sprechen teilweise von einem »Moment of Excellence«.) jedes Mal wiedererleben, wenn er diesen Druckpunkt wieder spürt.

ves Erleben. Hypnotherapeuten versuchen in der Schmerztherapie oder beim Zahnarzt diese Empfindlichkeit zu verändern.

9.2.8 Unempfindlichkeit

Bei manchen Krankheiten sehr unangenehm, versuchen Hypnotherapeuten diesen Zustand mit Hilfe von Hypnose für Operationen und Zahnarzteingriffe oder in der Krebstherapie nutzbar zu machen.

9.2.9 Hypermnesie

Hypermnesie ist die Fähigkeit, sich Dinge besonders gut zu merken. Gute wie auch schlechte.

9.2.10 Hypomnesie

Hypomnesie ist das Gegenteil von Hypermnesie. Also eine gewisse Vergesslichkeit, wie wir sie von manch alten aber auch von jungen Leuten kennen. Auch in der totalen Form Amnesie genannt.

9.2.11 Zeitverkürzung

Zeitverkürzung als Zustand wird meistens dann erlebt, wenn man etwas sehr gerne macht. Allerdings gibt es auch Menschen, welche ständig unter Stress stehen und das Gefühl haben, die Zeit laufe ihnen davon. Auch hier kommt es zu einer subjektiven Zeitverkürzung.

9.2.12 Zeitverlängerung

Wenn etwas langweilig ist, erleben wir häufig das Gefühl der Zeitverlängerung.

Menschen erleben die Zeit oft unterschiedlich lang, dies ist ein vollkommen normaler Vorgang. Menschen, die beispielsweise unter Depressionen leiden, klagen sehr häufig über den allzu langsamen Verlauf der Zeit.

Der langweilige Französischunterricht in der elften Klasse montags ist ein gutes Beispiel, womit ich mir als Autor die Zeitverlangsamung sehr gut verbildlichen kann.

Exkurs: Verschiedene Zeitalter – Dampfmaschine – Computer – Kybernetik

Manche Forscher vergleichen das Unterbewusstsein mit einem Computer. In dieser Theorie gleicht das Unterbewusste einem im Gehirn gesteuerten Mechanismus. Allerdings kann dieser Vergleich momentan noch nicht vollkommen belegt werden, da durch die ungeheure Zahl von Verknüpfungen in unserem Gehirn selbst der modernste Computer mit der Simulation scheitern würde, müsste er doch dieselbe Leistung vollbringen wie unser Gehirn. Außerdem handelt das Unterbewusste nicht logisch und es entzieht sich einer Vorhersehbarkeit, sodass dem Hypnotherapeuten und dem Wissenschaftler, welcher sich damit beschäftigt, höchstens Prognosen gelingen, allerdings keine genauen. Mit der Zeit und mit der Erfahrung wirst Du somit Prognosen fällen können, wie das Unterbewusstsein reagiert, aber stets mit Überraschungen rechnen müssen. Das Unterbewusste beschäftigt sich mit dem Endergebnis und befasst sich nicht mit eventuellen Nebenwirkungen, welche natürlich sehr zum Nachteil der jeweiligen Person sein können. In Hypnose scheinen Menschen, deren Unterbewusstsein angesprochen wird, wie kleine sechsjährige Kinder, die jeden

Befehl, sofern er richtig formuliert wird, auch ausführen. Dieser Vorteil macht Suggestion unter Hypnose erst möglich und kann dem Therapeuten helfen, den Menschen zu einer positiven Veränderung zu führen. Das Unterbewusstsein nimmt alles genau so wahr, wie es ihm gesagt wird. Deshalb wird es normalerweise von einer Art Zensor geschützt, dem Wachzustand oder Wachbewusstsein genannt. Dieses ist dazu da, zu zweifeln, zu urteilen, abzuwägen, ob die Entscheidungen und die Dinge, die der gesamte Mensch erfährt, auch gut für den Betreffenden sind.

Des Weiteren scheint das Unterbewusstsein den Begriff Zeit nicht zu kennen. Ereignet sich etwas Schlimmes im Leben eines Menschen während seines fünften Lebensjahres, wird er die Dinge, die damals passiert sind, weiterhin als Fünfjähriger betrachten. Im normalen Leben, ohne traumatische Ereignisse, sammeln wir bewusst Erfahrungen, verändern unsere Perspektive und reifen, während wir immer älter werden.

9.2.13 Flexibilität

Menschen, die eine zu schwache Muskelspannung besitzen, leiden ebenso an einer Flexibilität wie Menschen, welche sich nicht entscheiden können, welchen Weg sie in ihrem Leben nehmen wollen.

Ein Schüler, der sich nicht entscheiden kann, welchen Beruf er wählt und sich deshalb nirgends bewirbt und dadurch längere Zeit mal dies ausprobiert und dann wieder das, und der ständig seine Meinung wechselt, weist beispielsweise eine Flexibilität auf.

9.2.14 Katalepsie

Katalepsie kommt aus dem Griechischen und bedeutet festhalten oder besetzen. Im Alltag kommt eine Katalepsie häufig in Form von Verkrampfungen vor. Unter Hypnose bleiben Gliedmaßen beispielsweise in einer bestimmten Position, ohne dass hierfür besondere Anstrengung notwendig ist. Aus einer hypnotischen Sicht vermutet man hier die Ursache für Kopfschmerzen und Kreuzschmerzen aufgrund dieses Phänomens.

9.2.15 Positive Halluzination

Phantomschmerzen sind ein gutes Beispiel für positive Halluzinationen. Der Patient hat in einem Körperteil Schmerzen, welcher nicht mehr existiert. Ebenso das Sehen von weißen Mäusen bei Alkoholikern.

9.2.16 Negative Halluzination

Menschen, die sich ständig selbst verletzen, weisen dieses Phänomen auf oder Menschen, welche auf gewisse Umweltreize nicht mehr reagieren.

9.2.17 Wiedererleben

Ähnlich wie bei der Regression, verfallen Menschen unter diesem Phänomen in alte Erinnerungen und erleben diese durchaus real. Ein Mensch, welcher einen Banküberfall miterlebt hat und das nächste Mal, wenn er in der gleichen Bank ist, Schweißausbrüche bekommt und anfängt zu zittern, weil sein Unterbewusstsein denkt, die Situation wiederhole sich, weist dieses Phänomen auf.

9.2.18 Verdrängung

Menschen, die verdrängen, versuchen sich an Unangenehmes nicht zu erinnern. Eine Frau, welche vergewaltigt wurde, jedoch keine Anzeige erstattet und keine psychologische Hilfe in Anspruch nimmt, weil sie meint »es sei ja alles nicht so schlimm«, weist dieses Phänomen auf.

Verdrängung kann ein sehr nützlicher Abwehrmechanismus sein, weil er den Menschen schützt, sich nicht ständig mit unangenehmen Ereignissen auseinanderzusetzen. Allerdings kann Verdrängung zu schweren somatischen und psychosomatischen Erkrankungen führen.

9.2.19 Trance

Trance ist der Zustand, in dem sich Patienten unter Hypnose befinden. Es gibt jedoch Menschen, welche ständig in Trance sind. Der Junge, der als Tagträumer bekannt ist, ist ein gutes Beispiel dafür, denn er konzentriert sich nicht auf seinen Schulalltag, sondern auf seine Phantasie.

Allerdings gehören hier auch Menschen hinzu, die unter einer Depression leiden und dadurch die Welt in einem anderen Bewusstseinszustand[18] erleben. Eine weitere Stufe ist übrigens der Zynismus. Zynismus ist ein Weltbild, welches geprägt ist durch vorangegangene Frustrationen. Die stärksten Trancezustände sind die, welche wir nicht als solche erkennen, sondern wie als transparente Linse vor uns hertragen. Wenn dies geschieht, dann glauben wir eben, dass die Art der Wahrnehmung, die wir haben, keine bewusste Entscheidung von uns mehr ist, sondern von außen gemacht. Je mehr wir uns in

---

[18] Die bekannten Hypnotherapeuten Erikson und Rossi postulieren 1972 den Begriff der Problemtrance

solch einer Trance verlieren, desto größer die gefühlte Hilflosigkeit.

Manche Hypnotherapeuten nehmen an, dass sich Kinder während ihren ersten fünf Lebensjahren ständig in Trance befinden. Die Vertreter der transpersonalen Hypnose, denen auch ich als Autor dieses Buches angehöre, vertreten die Ansicht, dass Menschen ständig in einem veränderten Bewusstseinszustand sind.

9.2.20 Wachsein

Menschen, welche haben die Kontrolle abzugeben, welche ständig unter Stress sind, oder Menschen, die Schlafstörungen haben, weisen das Phänomen des Wachseins auf.

Solche Menschen lassen sich mitunter schwer hypnotisieren. Es sollte vom Therapeuten ein Gefühl vermittelt werden, dass diese Menschen immer noch die vollkommene Kontrolle über die Situation haben.

9.3 Die Regeln des Geistes

Die Regeln des Geistes sind eine Ansammlung von Grunderkenntnissen der Psychosomatik und der Arbeit mit Hypnose. Kollegen aus allen Fachrichtungen machen sich diese Ansichten zunutze und im Laufe der Jahre, in denen die Psychologie und die Hypnotherapie immer anerkannter und bedeutender wurden, entstand eine Ansammlung von Ansichten, welche von Veröffentlichung zu Veröffentlichung variiert. Viele »Mentaltrainer« oder selbsternannte Gesundheitsgurus verkaufen diese Regeln teuer an ihre Anhängerschaft, als seien sie ihre Erkenntnis über die Welt. Im Nachfolgenden sind die wichtigsten Regeln ohne Anspruch auf Vollständigkeit, so prägnant wie möglich, dargestellt.

1. Gedanken und Gefühle sind gekoppelt. Jeder Gedanke führt zu emotionalen und körperlichen Reaktionen.
2. Was der Fokus erwartet, wird im Normalfall auch passieren. Geistige Energie folgt der Aufmerksamkeit.
3. Die Vorstellung ist mächtiger als die Vernunft, weil sie eben hirnphysiologisch älter ist.
4. Der Glaube ist mächtiger als das rationale Denken. Wir verlassen uns auf das, was wir glauben, da der Glaube durch Erfahrung genährt wird.
5. Inkompatible Ideen führen zu Konflikten. Ideen, die im Konflikt zueinander stehen, können nicht harmonisch koexistieren.
6. Verankerte Glaubensmuster bleiben ewig oder so lange, bis sie ersetzt werden oder beendet worden sind.
7. Je länger eine Idee im Unterbewusstsein existiert, desto schwieriger ist es, diese zu verändern.
8. Emotional verursachte Symptome neigen dazu, Organe zu verändern.
9. Suggestionen, welche erfolgreich waren, reduzieren den Widerstand zu weiteren Suggestionen.
10. Je aktiver das Bewusstsein, desto kleiner die kontrollierte Antwort des Unterbewusstseins.
11. Je komplexer die Ursache, umso kreativer das Symptom.

9.4 Wie kann ich das alles lernen?

»Stolpersteine können sich in Diamanten verwandeln.« - Zitat der Advanced Hypnoenergetics Therapeutenausbildung

Seriöse Hypnotherapeuten sind die modernen Schamanen und Alchimisten von heute. Transpersonale Hypnosetherapeuten helfen Menschen, ein selbstverantwortliches und freieres Leben zu genießen. Die transpersonale Psychologie akzeptiert und wertschätzt die moderne Wissenschaft und integriert sie in ihre Verfahrensweise. Transpersonale Hypnotherapeuten wissen aber, dass es noch andere Sichtweisen gibt, die nützlich sein können, um Menschen zu heilen. Aus einer weltoffenen und wertschätzenden Weltsicht schaut die transpersonale Hypnotherapie auf die Probleme und Konfliktlösungsstrategien der Menschheit, nimmt sie wahr und nimmt sie ernst. Wenn wir diese Probleme lösen wollen, müssen wir adäquate Konfliktlösungsstrategien finden, die unser Gegenüber auch annehmen und verstehen kann.

Kann es wirklich sein, dass unterschiedliche Menschen unterschiedliche Arten von psychologischem Verständnis haben? Mit hoher Wahrscheinlichkeit werden die meisten Leser diese Frage bejahen. Aber es geht noch weiter: Unterschiedliche Daseinsformen haben sogar unterschiedliche Aktivierungsmöglichkeiten durch ihr Glaubenssystem:

»Psychologie ist zunächst einmal ein Prozess, gekennzeichnet durch die fortschreitende Unterordnung älterer Verhaltenssysteme niederer Ordnung unter neuere Systeme höherer Ordnung, während die Herausforderungen eines Menschen sich im Laufe der Zeit, im Hinblick auf die Jahrhunderte und Epochen verändern.«

Jede Generation hat ihre eigenen Herausforderungen und Schwierigkeiten.

Ist der Mensch auf einen bestimmten Seinszustand zentriert, dann besitzt er eine psychologische Aktivierbarkeit, welche für diesen Zustand spezifisch ist.

Das erklärt die Unvereinbarkeit von verschiedenen therapeutischen Ansichten und das Unverständnis verschiedener Schu-

9 Die Weltsicht und Gedankenwelt eines Hypnotiseurs

len der Anderen eine Wirksamkeit und Heilung des Patienten zuzugestehen.

Die Gefühle eines Menschen sind in diesem Seinszustand angemessen. Die Motivationen, ethischen Vorstellungen und Werte, sogar die eigene Biochemie, der Grad der neurologischen und psychologischen Aktivierung, das Lernsystem, Glaubenssystem, die Auffassung von geistiger Gesundheit, die Ideen darüber, was Geisteskrankheit ist und wie sie behandelt werden sollte, Konzeptionen von und Vorlieben für Management, Erziehung, Wirtschaft sowie politische Theorie und Praxis sind alle diesem Zustand angemessen und lassen sich durch die Brille der eigenen Aktivierung der Weltsicht dadurch erklären, aktivieren und verändern. [19]

Das indische Wort aus dem Sanskrit »namasté« kann als Begrüßung so etwas bedeuten, wie „Ich begrüße das Licht in Dir!". Auch wenn dieser Gruß in einigen Kreisen häufig schon fast inflationär und ohne tieferen Sinn verwendet wird, beschreibt er recht gut, was ein Hypnotherapeut seinem Klienten geben kann. Berater und Therapeuten stehen häufig der Herausforderung entgegen, dass sie Menschen vor sich haben, welche ihre Perspektive verloren haben. Es scheint, als hätten diese Menschen sich mit ihren Problemen identifiziert.

Es ist eine große Herausforderung und eine schöne Erkenntnis, dass wir Probleme haben, aber nicht unsere Probleme sind, sondern viel mehr als das. Wir haben die Möglichkeit einen Teil von uns zu erschließen, der viel mehr ist als eine eingeschränkte Wahrnehmung, welche von außen verursacht ist. Vielleicht können wir diesen Teil als Essenz bezeichnen, frei von konditionierten Elementen der Persönlichkeit. Frei von Schutzmechanismen und Indoktrination. Wie auch immer Du oder ich diesen Teil bezeichnen mögen: Ob Seele, Geist,

---

[19] Angelehnt an Prof. Claire Graves, den Begründer der Graves Levels.

Selbst oder zeitloser Anteil, ein kleines Stück welches vor Konditionierung bewahrt worden ist.

Die Aufgabe der Hypnotherapeuten ist es diesen Teil in sich selbst zu erschließen und ihn bei anderen aktivieren zu können.

Im Anhang findest Du Praxen und Institute, die diese Weltsicht mit mir als Autor des Buches teilen. Auf diesen Internetseiten findest Du einen stetig wachsenden Wissenspool an Informationen über die moderne Anwendung der Hypnose in verschiedenen Bereichen des Lebens.

10 Die Hypnosen dieses Buches als MP3

Dieses Buch ist natürlich gedacht als ein Erlebnis, welches Du mit einem anderen Menschen teilen kannst. Selbstverständlich gibt es ebenfalls die Möglichkeit, die Texte alleine zu erfahren.

Unter www.hypnoseverlag.de kannst Du die Hypnosen als geführte Anleitung für 19,90 € als MP3 erwerben. Des Weiteren findest Du eine ständig wachsende Anzahl von autogenen[20] Hypnosen, welche Du Dir einfach anhören kannst, zur Entspannung, Heilung und Ressourcenaktivierung.

---

[20] Der Begriff »autogen« bezeichnet »von innen heraus«, also aus sich selbst ablaufend.

11 Literaturverzeichnis

11.1 Hypnosefachliteratur

- Auf den Schultern des Windes schaukeln. Trance-Geschichten von Daniel Wilk (Taschenbuch – März 2005)
- Das große Handbuch der Hypnose. Theorie und Praxis der Fremd- und Selbsthypnose von Werner J. Meinhold (Gebundene Ausgabe – 1993)
- Der Februarmann. Persönlichkeits- und Identitätsentwicklung in Hypnose. von Milton H. Erickson, Ernest L. Rossi, Theo Kierdorf und Hildegard Höhr (Taschenbuch – August 2003)
- Die Lehrgeschichten von Milton H. Erickson von Sidney Rosen (Gebundene Ausgabe – November 2006)
- Gesammelte Schriften von Milton H. Erickson: Gesammelte Schriften, 6 Bde., Bd. 6, Innovative Hypnotherapie: Bd. 6 von Milton H. Erickson und Ernest L. Rossi (Gebundene Ausgabe – Oktober 1998)
- Hypnotherapie von Walter Bongartz und Bärbel Bongartz (Gebundene Ausgabe – Januar 2000)
- Hypnose. Geheime Künste (Taschenbuch) von Janet Fricker (Autor), John Butler (Autor)
- Hypnose in der Psychotherapie, Psychosomatik und Medizin. Manual für die Praxis von Dirk Revenstorf und Burkhard Peter (Gebundene Ausgabe – Januar 2008)
- Hypnose. Induktion – Therapeutische Anwendung – Beispiele von Milton H. Erickson, Ernest L. Rossi und Sheila L. Rossi (Broschiert – 1998)

11 Literaturverzeichnis

- Hypnose lernen. Leistungssteigerung und Streßbewältigung durch Selbsthypnose von Dirk Revenstorf und Reinhold Zeyer (Taschenbuch – 2006)
- Hypnose. Kommunikation mit dem Unterbewusstsein von Paul Bernard (Gebundene Ausgabe – 1992)
- Im Atelier der Hypnose. Entwurf, Technik, Therapieverlauf von Agnes Kaiser Rekkas (Broschiert – Oktober 2005)
- Kompaktkurs Hypnose von Tad James, Lorraine Flores, Jack Schober und Theo Kierdorf (Taschenbuch – April 2001)
- A Critique of Psychoanalytic Reason: Hypnosis as a Scientific Problem from Lavoisier to Lacan: von Leon Chertock, Isabelle Stengers und Martha Noel Evans von Stanford University Press
- Discovering the Power of Self-Hypnosis: The Simple, Natural Mind-Body Approach to Change and Healing von Gail Sheehy und Stanley Fisher von Newmarket Press, U.S. (Taschenbuch – August 2002)
- Bitte verändern Sie sich ... jetzt! Transkripte meisterhafter NLP-Sitzungen von Richard Bandler (Taschenbuch – August 2003)
- Complete Guide to Hypnosis von Leslie M. Lecron von Barnes & Noble (Taschenbuch – Dez. 1976)
- Complete Idiot's Guide to Hypnosis, 2e (Complete Idiot's Guides (Lifestyle Paperback)) von Roberta Temes und PH. D. Temes von Alpha Books (Taschenbuch – 30. September 2004)

11.1 Hypnosefachliteratur

- Creative Self-Hypnosis: New Wide-Awake, Nontrance Techniques to Empower Your Life, Work, and Relationships von Roger A. Straus von Prentice Hall (Taschenbuch – April 1989)
- Der große Zauberlehrling. Teil 1/2. Das NLP-Arbeitsbuch für Lernende und Anwender: 2 Bde. von Alexa Mohl
- Finding the Energy to Heal: How EMDR, Hypnosis, TFT, Imagery, and Body-focused Therapy Can Help Restore Mindbody Health von Maggie Phillips von W. W. Norton & Co. Ltd (Gebundene Ausgabe – Oktober 2000)
- Frogs into Princes: Introduction to Neurolinguistic Programming von Richard Bandler und John Grinder von Eden Grove Editions (Taschenbuch – 1990)
- Hypnosis: Advanced Techniques of Hypnotherapy and Hypnoanalysis von Terence Watts von Network 3000 Publishing (Taschenbuch – 30. Juni 2005)
- Hypnosis and Suggestibility: An Experimental Approach von Clark W. Hull von Crown House Publishing (Gebundene Ausgabe – 1. November 2002)
- Hypnosis for Inner Conflict Resolution: Introducing Parts Therapy von Roy Hunter von Crown House Publishing
- Hypnosis for the Seriously Curious: For the Seriously Curious von Kenneth Bowers von W. W. Norton & Co. Ltd (Taschenbuch – Juni 1983)
- Hypnosis: How to Put a Smile on Your Face and Money in Your Pocket von Ormond McGill und Shelley Stockwell von Creativity Unlimited Press, U.S. (Taschenbuch – Juli 1997)

11 Literaturverzeichnis

- Hypnosis: Its Nature and Therapeutic Uses von H. B. Gibson von Peter Owen Ltd (Gebundene Ausgabe – März 1977)

- Hypnosis: Medicine of the Mind: A Complete Manual on Hypnosis for the Beginner, Intermediate and Advanced Practitioner von Michael-Preston und Michael D. Preston von Dandelion Books (Taschenbuch – 28. Februar 2006)

- Hypnotherapeutic Techniques: Hypnotherapeutic Techniques v. 1 (Watkins, John G (John Goodrich)/Practice of Clinical Hypnosis) von John G. Watkins von Ardent Media

- Neue Wege der Kurzzeit – Therapie. Neurolinguistische Programme von Richard Bandler und John Grinder

- Patterns of the Hypnotic Techniques of Milton H. Erickson, M.D.: 002 von Richard Bandler von Meta Publications, U.S. (Gebundene Ausgabe – Juni 1975)

- Reframing. Ein ökologischer Ansatz in der Psychotherapie (NLP). von Richard Bandler und John Grinder (Taschenbuch – Juli 2005)

- Struktur der Magie: Metasprache und Psychotherapie: Bd I von Richard Bandler und John Grinder (Taschenbuch – Dez. 2001) Strukturen subjektiver Erfahrung. Ihre Erforschung und Veränderung durch NLP von Robert B. Dilts, John Grinder und Richard Bandler

- The Art of Hypnotherapy: Part II of Diversified Client-Centered Hypnosis, Based on the Teachings of Charles Tebbetts von C. Roy Hunter von Kendall/Hunt Publishing Co., U.S.

- The New Hypnotherapy Handbook: Hypnosis and Mindbody Healing: Hypnosis and Mind Body Healing von

Kevin Hogan und Kathy Hume Gray von Network 3000 Publishing, U.S. (Taschenbuch – Mai 2001)

- The Psychobiology of Gene Expression: Neuroscience and Neurogenesis in Hypnosis and the Healing Arts von Ernest J. Rossi von W. W. Norton & Co. Ltd (Gebundene Ausgabe – September 2002)

- Time Distortion in Hypnosis: An Experimental and Clinical Investigation von Linn F. Cooper und Milton H. Erickson von Crown House Publishing (Taschenbuch – September 2002)

11.2 Psychologie Grundlagenliteratur

- dtv – Wörterbuch Psychologie. von Werner D. Fröhlich (Broschiert – September 2005)

- Einführung in die Psychologie von Lyle E. Bourne, Bruce R. Ekstrand, Christoph Trunk und Susanne Niedernhuber

- Psychologie. Eine Einführung von Philip G. Zimbardo und Richard J. Gerrig (Taschenbuch – Juni 2004)

- Psychologisches Wörterbuch von Hartmut Häcker, Kurt-Hermann Stapf und Friedrich Dorsch (Gebundene Ausgabe – November 2003)

11.3 Psychosomatische Grundlagenliteratur

- Psychosomatische Medizin von Rolf Adler, Jörg Michael Herrmann, Karl Köhle und Thure von Uexküll (Gebundene Ausgabe – 1990)

11 Literaturverzeichnis

- Psychosomatische Medizin und Psychotherapie (Springer Lehrbuch) von Kurt Fritzsche und Michael Wirsching

12 Über den Autor

Mein Name ist Davor Antunović und ich arbeite als Therapeut[21], Coach und Dozent für Hypnotherapie und Psychotherapie in eigener Praxis in Esslingen am Neckar.

Seit ich in meinem 14ten Lebensjahr das erste Mal mit Hypnose in Berührung kam, ließ mich dieses Phänomen nicht mehr los. Mit 21 Jahren hatte ich dann die Möglichkeit, meinen ersten professionellen Kurs in Hypnose zu besuchen. Seitdem ist die klinische Hypnotherapie mein stärkstes Instrument, mit dem ich versuche, Menschen in der freien Gestaltung ihres Lebens und ihrer Gesundheit zu helfen.

Seit über 20 Jahren erforsche ich das Bewusstsein der Menschheit mit Hypnose, Meditation, Tantra, NLP und Transpersonaler Psychologie.

In meiner eigenen Praxis finden diese Konzepte auch im alltäglichen Leben von Menschen wie Du und mir Anwendung. Ich habe es mir zur Aufgabe gemacht, mit meinen Klienten zu lernen, denn keiner weiß über ein persönliches Problem mehr Bescheid als derjenige, der es hat.Täglich lerne ich großarige Menschen kennen, manche vollbringen Großes und sind berühmt, manche machen in ihrer kleinen Welt das Beste aus dem, was sie zur Verfügung haben.

Viele dieser Probleme haben mit Beziehungen zu tun, Viele Menschen entwickeln Probleme und Krisen, weil sie lieben und in komplizierten Verstrickungen fest hängen. Meine Hauptaufgabe sehe ich darin die menschliche Psyche mit unterschiedlichen Sichtweisen zu verstehen und Menschen eine bessere Verbindung mit ihrem Unbewussten zu vermitteln.

Ein neues Zeitalter braucht eine neue Vorgehensweise, wie wir uns unserer komplizierten Psyche nähern. In unserem

---

[21] Die gesetzliche Bezeichnung ist »Heilpraktiker für Psychotherapie«.

12 Über den Autor

Bedürfnis zu systematisieren folgen wir hier im Westen einer naturwissenschaftlichen Tradition, die gerade einmal 300 Jahre alt ist. Schlimmer noch: Wir haben diese Halbwahrheiten größtenteils von Vorgängern und fernöstlichen Theorien übernommen. Wenn diese Konzepte wirklich funktionieren würden, wäre unsere Wirtschaft funktionell, unsere Politik glaubwürdig, unsere Waffenindustrie pleite und unsere Kliniken nur halb so voll.

In dieser und meinen kommenden Publikationen lade ich Dich ein auf das Abenteuer Bewusstsein. Vielleicht lernen wir uns eines Tages ja persönlich kennen und ich erfahre Deine Geschichte, wie Du Dein Bewusstsein erforscht hast.

12.1 Praxis:

- www.hypnoenergetics.de (Internetauftritt der Praxis)
- www.realitycoaching.de (Seminare zum Thema Reality Coaching und Bewusstseinstraining)

12.2 Weitere Veröffentlichungen:

- Lehrbuch Hypnosetherapie
- Money Coaching (Ende 2017)
- Heilung gebrochener Herzen (Ende 2017)

12.3 Hypnoseseminare

12.4 In Deutschland

- www.tnlp.de (Ausbildungsinstitut für Hypnose und NLP)
- www.paracelsus.de (Größte Heilpraktikerschule Deutschlands, die Seminare mit dem Autor werden in Tübingen, Baden Württemberg angeboten)

Internationale Ausbildungen auf Anfrage.

12.5 Inspiration

»Haben wir Angst? Immer!
Sind wir ausreichend vorbereitet? Niemals!
Machen wir es trotzdem? Definitiv!
Geben wir deshalb auf? Wir wissen einfach nicht wie!«
Gedicht, aus einer Hypnose Master Ausbildung

»Hypnotherapeuten werden geschult, ihr inneres Leuchten wahrzunehmen und es ebenfalls in anderen zu finden, auch wenn die äußeren Umstände es nicht zu erlauben scheinen.«
Credo der Advanced Hypnoenergetics Therapeutenausbildung

»Alles, was fasziniert und die Aufmerksamkeit eines Menschen festhält oder absorbiert, könnte als hypnotisch bezeichnet werden.«
Milton H. Erickson (Berühmter Hypnosetherapeut)

»Je tiefer das Problem, desto komplexer das Symptom.«
Siggi Kirch, Heilpraktikerin und Hypnosetherapeutin (Forscht auf dem Gebiet der Gehörlosenpädagogik mit Hypnose)

»Unterbewußtsein, spezieller Keller für spezielle Leichen.«
Manfred Hinrich, Dr.phil, Deutscher Philosoph

»Verdrängen ist die komplexeste Form des Erinnerns«
Autor unbekannt

»Jedem Gedanken wohnt eine entsprechende Wirkung inne!«

»Das Leiden ist ein Segen, innerhalb dieses Segens versteckt sich Gnade«
Dschalal ad-Din Muhammad Rumi[22]

12.6 Individuation

- Eine kleine Aussicht auf "Heilung gebrochener Herzen"

Die Fähigkeit der Beobachtung der Dinge, wie sie sind, ist ein wesentliches Element von vielen psychospirituellen Systemen. Beobachtung ist hierbei die Fähigkeit, Gedanken, Gefühle und Verhalten zu reflektieren und sie so objektiv wie möglich zu hinterfragen. Das ist gar nicht so einfach, denn unser Denken und unsere Wahrnehmung werden vom Anbeginn unserer Existenz geschult und wir nehmen im Laufe unserer Entwicklung verschiedene, festgefahrene Perspektiven und Einstellungen an.

Allerdings ermöglicht uns erst die Fähigkeit, Dinge zu sehen, wie die Ereignisse in unserem Leben sind, die Möglichkeit zu einer Veränderung. Wir entfernen uns von der Vorstellung, dass ein Gefühl oder ein Gedanke so sein muss, weil wir ihn durch unsere Begrenzung in Form einer begrenzenden Erfahrung durch ein begrenztes Nervensystem in einem begrenzten Leben so wahrgenommen haben.

---

[22] Rumi ist einer der bedeutendsten persischen Dichter und Mitbegründer der islamischen Mystik.

12.6 Individuation

Wenn wir aufhören, in einer Dualität zu leben und unsere Energie zu verschwenden, können wir mit dem wundervollen und befreienden Prozess der Individuation beginnen.

Was heißt das?

Wir sträuben uns gegen Tatsachen, indem wir unsere Welt in zwei Hälften teilen: In eine, wie wir sie erleben und in eine andere, wie wir sie gerne hätten. In dieser Zweiten Welt sind primär unsere Angst, unsere Wut, unsere sexuellen Gefühle und all die Dinge, die wir an uns nicht mögen und verneinen, unsere Filter.

Gerade wenn wir unglücklich lieben, beharren wir auf unserem Standpunkt, wie wir etwas gerne hätten, nicht wie es wirklich ist. Diese Dualität erzeugt Leid.

Damit verneinen wir nicht nur die Realität´, sondern auch uns selbst. Wir zwingen ebenso den anderen in ein Schema, welches wir zwar lieben, was der andere aber nicht ist. In Wirklichkeit sind wir nicht verliebt, sondern lieben das Ideal, etwas was durch unseren eigenen Schatten verzerrt ist.

Vielleicht ist die Liebe der einzige Teil in uns, der tatsächlich so etwas wie ein Erwachen braucht. Wenn wir begreifen, wie wir uns selbst mit all unseren Reaktionen lieben können, haben wir die Möglichkeit, unser eigentliches Potenzial zu erschließen.

Die kommende Publikation lädt Dich zur Erkundung der Selbstliebe ein.

12.7 Vom Autor empfohlene Praxen

PLZ 5

http://www.praxis-kirch.de/ (Siggi Kirch, Heilpraktikerin, Hypnotherapeutin, Gehörlosenpädagogin)

http://http://janvonberg.com/ (Jan von Berg Hypnotiseur und Business- Coach)

PLZ 8

http://www.innergaming.de (Rouven Siegler, Heilpraktiker für Psychotherapie, Hypnotherapeut, Sportcoach)

Ein weiteres Angebot finden Sie unter: www.hypnothinktank.com

...und unter den Angeboten der großen Hypnosegesellschaften unter: hypnose.de

Anmerkung des Autors: Es gibt sicherlich eine Menge sehr guter Kollegen, die mir allerdings nicht persönlich bekannt sind.

Glossar

Abhängigkeit Die Unfähigkeit ein Verhalten oder den Konsum einer bestimmten Substanz zu unterlassen. 75

Amnesie griech. Amnesia; Gedächtnisschwund.Der Prozess bei dem Erfahrungen und Erlebtes vergessen werden. 80

Anästhesie griech. Anasthasa; Schmerzunempfindlichkeit oder das Ausschalten von Empfindungen. Die Anästhesie kann bewusst mit Hypnose eingeleitet werden, oder ist ein Phänomen psychologischer oder organischer Genese.Die Anästhesie kann örtlich auf ein Areal beschränkt sein oder am ganzen Körper auftreten. 77

Assoziation Verbindung von Sinnesreizen mit Erinnerungen. 76

Befehl engl. command; direkte Anweisung an einen Klienten eine bestimmte Handlung durchzuführen.(Im Gegensatz zur indirekten Suggestion). 82

Bewusstsein Im Allgemeinen wird damit der Zustand der Wachheit bezeichnet. In der Hypnotherapie der Bereich des kognitiven Wahrnehmens. 86

Braid englischer Arzt,James Braid, der den Begriff Hypnose prägte. 7

Depression Krankheitsbild nach WHO Kriterien mit Antriebslosigkeit und traurigem Affekt, häufig einhergehend mit Schuld und Sorge. 84

Hypnotische Phänomene Ansammlung von Trancephänomenen die das Alltagserleben des Individuums variieren. 75

Glossar

Individuation die Entwicklung und Reifung der eigenen, individuellen Persönlichkeit im Verlauf der Lebensspanne mit allen Stärken und Schwächen mit maximaler Freiheit wo möglich und minimalster Abhängigkeit, wo unumgänglich. 5, 103

Katalepsie Unter Hypnose induzierte Muskelstarre. 76

Progression engl. age-progression;Technik der Hypnosetherapie und Timeline Methode, welche dem Patienten Bilder einer möglichen Zukunft suggeriert. 79

Verhalten Jede Interaktion eines Lebewesens mit seiner Umwelt, ganz gleich welcher Art und Weise.Menschliches Verhalten schließt die mentale Aktivität, das kognitive Bewusstsein, die Atmung und die Muskelfunktionen mit ein. 74

Vertiefung Methoden zur Vertiefung einer Hypnose. 3

Zensor Hypnotherapeutisch die Grenze zwischen Bewusstsein und Unterbewusstsein; Psychoanalytisch der (zwanghafte) Einfluss des Ichs und des Über-Ichs auf nicht der gesellschaft genormte Impulse des Es. 82

Stichwortverzeichnis

A
Anpassung 77
Assoziation 76
Ausleitung 69

B
Bei Problemen 8
Bewusstsein 74
Bewusstseinszustand . . . 2

C
Coaching 72

D
Definition Hypnose 14
Der innere Krieger 39
Der sichere Ort 37
Der steife Arm 32
Dissoziation 76, 77

E
Einleitungen 21
Erklärungen der
 Hypnosen 35

F
Flexibilität 76, 82
Frequenzbereiche der
 Hypnose 7
Fünf Stadien der Hypnose
 11

G
Gefahren der Hypnose . . 5
Geheimnis der Hypnose 3

H
Halluzination 83
 Negative 83
 Positive 83
Hochhaus 18
Hocker 18
Humanismus 47
Hypermnesie 76, 80
Hypnose 3
Hypnosetechniken 35
Hypnosetherapeuten . . 71
Hypnotische Phänomene
 76
Hypomnesie 76, 80
Höheres Selbst 42

I
Induktionen 21
Innere Stimme 47
Innerer Beobachter 57

K
Katalepsie 76, 83
Kinder 75
Kohnstamm-Experiment
 16

M
Medizin 72
Muskelentspannung . . . 25

N
Negative Halluzination 76

P

Positive Halluzination . 76
Posthypnotische 78
Posthypnotische
   Suggestion 76
Progression........ 76, 79
Prähypnotische 77
Prähypnotische
   Suggestion 76
Psychotherapie........ 72

R

Realität............... 74
Regression......... 76, 79

S

Schiff................ 18
Schlafüberleitung 70
Schutzschild 54
Selbstbewusstsein 60
Semaphorenexperiment 17
Showhypnose......... 72
Sofortmaßnahmen...... 8
Subjektiver Filter 75
Suggestibilität......... 15
Suggestion 77, 78
Synchronizität 47
Systemik 73

T

Technik 3
Tempel der Heilung ... 62
Titanic 18
Trance 76, 84
Trancezustand 74
Transpersonaler Ansatz 73

U

Ueberempfindlichkeit . 76, 79
Unempfindlichkeit . 76, 80

V

Verdrängung....... 76, 84
Vertiefungen.......... 31
Vorherige Hypnose.... 28
Vorhypnose........... 14

W

Wachsein.......... 76, 85
Weltanschauung 47
Wiedererleben 76, 83

Z

Zeit............ 76, 80, 81
Zeitverkürzung 76, 80
Zeitverlängerung .. 76, 81